Günther Alexander Ernst Adolf Saalfeld

Italograeca: Kulturgeschichtliche Studien auf sprachwissenschaftlicher Grundlage

Günther Alexander Ernst Adolf Saalfeld

Italograeca: Kulturgeschichtliche Studien auf sprachwissenschaftlicher Grundlage

ISBN/EAN: 9783743686151

Hergestellt in Europa, USA, Kanada, Australien, Japan

Cover: Foto ©Paul-Georg Meister /pixelio.de

Weitere Bücher finden Sie auf **www.hansebooks.com**

ITALOGRAECA.

Kulturgeschichtliche Studien

auf

sprachwissenschaftlicher Grundlage

gewonnen

von

Dr. G. A. Saalfeld,

Gymnasiallehrer in Premzlau.

I. HEFT:

**Vom ältesten Verkehr zwischen Hellas und Rom
bis zur Kaiserzeit.**

Hannover.
Hahn'sche Buchhandlung.
1882.

Seinem väterlichen Freunde

Herrn Dr. jur. Antoine-Feill

zu

Hamburg

in herzlicher Dankbarkeit

der Verfasser.

Italograeca.*)

Vom ältesten Verkehr
zwischen
Hellas und Rom
bis zur Kaiserzeit.

Doctrina Graecia nos et omni litterarum genere superabat.
Cic. Tusc. 1, 1, 3.

An der vielgestaltigen Südseite Europas treten drei Halbinseln vor: die spanische, italische und griechische, zum Teil selbst wieder gegliedert und von Eilanden umlagert. Von ihnen sagt schon der alte Geograph Sebastian Münster:

„Wilt Du besehen die manchfeltigen Inseln, die in Europa gelegen seind, so wirst du finden, daß sie unser Europam zieren, gleich wie ein Edelgestein ein guldene Kron, besonder die Inseln, die gegen Mittag hinauß ligen."

---

*) Verf. beabsichtigt in zwangloser Folge die kulturgeschichtlichen Resultate seiner neunjährigen sprachlichen Forschungen auf dem griechisch-italischen Gebiete herauszugeben; das vorliegende 1. Heft darf als Einleitung zu den späteren Untersuchungen angesehen werden, welche die mannigfachsten Einflüsse seitens der geistigen und materiellen Kultur näher nachweisen sollen. Über die einschlägige Litteratur vgl. unten.

Italien ist unter diesen drei südlichen Halbinseln die rein europäische. Die Balkanhalbinsel weist mit ihrer Lage und der reich entwickelten Ostküste auf Asien, Spanien auf den Atlantischen Ocean und Afrika, Italien dagegen nimmt im Mittelmeerbecken zwischen den Gliedern Europas eine centrale Stellung ein. Freilich hat im Gegensatz zu Griechenland der Ostrand mit seiner einförmigen, hafen- und inselarmen Küste keinen Anteil an der völkerverbindenden und völkerbeherrschenden Weltstellung, welche die Apenninhalbinsel über die das Mittelmeer umkränzenden Länder zu erringen berufen war; die Bewohner der Ostküste sind ohne historische Bedeutung geblieben und von den Völkern des in jeder Art entwickelten Westrandes abhängig gewesen. Aber die große Ausdehnung des Litorals bei geringer kontinentaler Breite, welche auch die Verbindung aller Stämme zu einer politischen Einheit erschwerte, wies die Bevölkerung mit ihren Interessen nach außen; die eigentliche Halbinsel zeigt sich durch die Gebirge in eine große Anzahl abgeschlossener Thäler und kleiner Gestadelandschaften zerschnitten, welche keine natürliche Beziehung auf einander hatten und eines gemeinschaftlichen Mittelpunktes und Verkehrs in dem Grade entbehrten, daß ihnen oft die Kommunikation von der Seeseite leichter war als von der Landseite. Diese Zerrissenheit erreicht in stetiger Zunahme gen Süden in Calabrien ihren Höhepunkt.[1])

Die ersten Anfänge der italischen Bevölkerung liegen im Dunkel; man geht aber wohl kaum irre, wenn man die erste Einwanderung von Norden und nicht von der See her voraussetzt. Auch in geschichtlichen Zeiten dauert diese Strömung von Nord nach Süd fort, so daß

---

1) Daniel, Handb. d. Geogr. II⁴, 151 f. —

die ältesten Stämme im Süden erscheinen: so die Japyger, sicherlich indogermanischer Abstammung.[1])
In der Mitte der Halbinsel wohnten die eigentlich italischen Stämme, deren Sprachen unter allen indogermanischen dem Griechischen am nächsten stehn: „aus sprachlichen Gründen läßt sich mit vollkommener Sicherheit erschließen, daß aus dem gemeinschaftlichen Mutterschoß der Völker und der Sprachen ein Stamm ausschied, der die Ahnen der Griechen und Italiker gemeinschaftlich in sich schloß; daß aus diesem alsdann die Italiker sich abzweigten und diese wieder in den westlichen und östlichen Stamm, der östliche noch später in Umbrer und Osker, auseinander gingen."[2])
Der zur Weltherrschaft berufene latinische Stamm, in der Ebene südlich vom Tiber hausend, hat mit seinem latinischen Dialekt die umbrischen und samnitischen Nachbarn völlig überflügelt, von den unbedeutenderen Stämmen hier ganz zu schweigen; alle zusammen aber bildeten durch ihre eigentümliche geistige Begabung einen ausgezeichneten Gegensatz gegen die Hellenen: darum ist es eine vergebliche Bemühung, diesen Gegensatz aus der Natur der von ihnen bewohnten Länder herleiten zu wollen. Höchstens kann man darauf hinweisen, daß die unglückliche Küstenbildung von Mittelitalien die italischen Stämme auf sich beschränkte und jene anregenden Einflüsse, welche Griechenland von Ägypten und dem Orient erhielt, ausschloß. Um so mehr aber erfuhr Latium eine dauernde geistige und belebende Erregung, als nun einmal der Seeverkehr mit Griechenland, zunächst mit den süditalischen und sicilischen Kolonieen erwacht war.

1) Nach Mommsen, r. G. I° 10 sind sie sogar mit den Hellenen stamm- oder wahlverwandt.
2) Mommsen, r. G. I° 14.

Neben den Völkern italischen Stammes erscheinen weiter nordwärts als drittes Volk die Etrusker (Tusker, Tursker oder Tyrrhenen) oder Rasen, wie sie sich selbst nannten. Ihre Abkunft und Sprache sind noch sehr im Unklaren;[1]) wir haben ihrer hier nur zu gedenken als der ältesten Seefahrer Italiens. Sie entwickelten sich dazu in dem Lande am Arnus, und Caere, nicht fern von der Tibermündung, wurde ihr Hauptthafen. Da aber ihr eigentliches Land nur schlechte Häfen bot, so eroberten sie die Küstenstriche von Campanien, wo sie ähnlich wie im eigentlichen Tuskien einen Bund von 12 Städten gründeten. Mit den Karthagern vereint suchten sie von hier aus dem griechischen Handel und den griechischen Kolonieen in diesen Gegenden ein Ende zu machen, aber die Seeschlacht von Kymai im Jahre 474 brach die Seeherrschaft der Etrusker: es war um dieselbe Zeit, wo die Griechen im eigenen Lande über die Perser bei Salamis und in Sicilien bei Himera über die Karthager glänzend und folgenreich siegten. Zu Lande wurden die Etrusker später von den Römern unterworfen, welche in der vorgriechischen Zeit von ihnen wohl mancherlei in mechanischen Künsten erlernten, jedenfalls aber Thon- und Bronzewaren von dorther bezogen; auch sind die etruskischen Religionsformen mit ihrem

---

1) Homers σύν τε δύ' ἐρχομένω καί τε πρὸ ὅ τοῦ ἐνόησεν (K 224) hat neuerdings die verdienten Forscher Deecke und Pauli veranlaßt, ihre Studien gemeinschaftlich herauszugeben: die nicht unbedeutende Litteratur hat in vollständiger Übersicht trefflich gesammelt E. Hübner in seinem Grundriß zu Vorlesungen über die lateinische Grammatik, 2. Aufl. 1880, woselbst sich in § 6 (pp. 9—13) die Stellung des Lateinischen innerhalb der übrigen italischen Sprachen so umfassend beleuchtet findet, daß Verf. ausdrücklich auf diese Zusammenstellung hinzuweisen sich verpflichtet fühlt. Außer den Etruskern ist dort die Rede von Umbrern, Sabellern (Marrucinern, Marsern, Äquern, Volskern; Sidicinern, Frentanern, [Campanern], Lucanern, Appulern) und Messapiern.

...lichen Ritual nicht ohne Einfluß auf Rom geblieben, der hellenische Geist auch hier siegreich ...¹)

Es ist für unsere Zwecke überflüssig, die übrigen Volkselemente der Apenninhalbinsel genauer aufzuzählen; es mag genügen, in obigen Hauptzügen eine Andeutung von der Bevölkerung des Landes gegeben zu haben, in welche nun die Griechen als Kolonisten kamen und daß den ersten Anstoß zu jener folgenreichen Berührung gab zwischen Hellas und Rom.

Es ist nicht nötig, bei diesem Verkehr eine Vorstufe phönikisch-italischer Beziehungen anzusetzen; die Stelle bei Thuk. VI 2:

ᾤκουν δὲ καὶ Φοίνικες περὶ πᾶσαν μὲν τὴν Σικελίαν ἄκρας τε ἐπὶ τῇ θαλάσσῃ ἀπολαβόντες καὶ τὰ ἐπικείμενα νησίδια ἐμπορίας ἕνεκεν τῆς πρὸς τοὺς Σικελούς. ἐπειδὴ δὲ οἱ Ἕλληνες πολλοὶ κατὰ θάλασσαν ἐπεσέπλεον, ἐκλιπόντες τὰ πλείω Μοτύην καὶ Σολόεντα καὶ Πάνορμον ἐγγὺς τῶν Ἐλύμων ξυνοικήσαντες ἐνέμοντο.

hat Mommsen²) mit Recht benutzt, um den Beweis dafür zu liefern, daß die Phöniker auf den Landspitzen und Inselchen um ganz Sicilien herum ihre Faktoreien wegen des Handels mit den Eingebornen, nicht um Land zu gewinnen, gegründet haben. Nur eine einzige phönikische Niederlassung ist mit einiger Sicherheit auf dem italischen Festlande nachgewiesen worden, nämlich die punische Faktorei bei dem oben erwähnten Caere; dieselbe ist aber bald spurlos verschwunden, und nicht der mindeste Grund liegt vor, sie für älter als die gleichartigen helle-

---

1) Vgl. Ginthe-Wagner, Lehrbuch der Geographie, 1. Aufl., p. 61 ff. der durchweg Mommsens Ausführungen gefolgt ist.
2) R. G. I⁶ 127.

nischen Ansiedlungen an denselben Gestaden zu halten. Vielmehr haben die Bewohner Latiums die Phöniker erst durch hellenische Vermittelung kennen gelernt, wie dies die dem Griechischen entlehnte Benennung der Poeni¹) beweist. Obgleich also von allen bekannten Stämmen die Phöniker sich zuerst in das Mittelmeer hinausgewagt haben, obgleich sie zuerst den Seeverkehr eröffneten und in unglaublich früher Zeit das Mittelmeer bis zu seinem äußersten westlichen Ende befuhren, obgleich schließlich fast an allen Gestaden vor den hellenischen phönikische Seestationen erscheinen: in Hellas selbst, auf Kreta und Kypros, in Ägypten, Libyen und Spanien, — so lag gerade der italische Kontinent denselben um so ferner, als die älteste Schiffahrt wesentlich Küstenfahrt war. Wir dürfen auch der weiteren Behauptung Mommsens Glauben schenken, daß allem Anschein nach es die hellenischen Schiffer gewesen sind, die zuerst unter den Anwohnern des östlichen Beckens des Mittelmeers die italischen Küsten befuhren. Dieser Umstand ist für unsere kulturgeschichtliche Darstellung von größter Wichtigkeit, wie wir bald genug sehen werden. Zunächst aber ist die Frage zu lösen, aus welchen Gegenden die griechischen Seefahrer dorthin gelangt sind;²) nur diese wird sich einigermaßen mit Sicherheit beantworten lassen, während die andere, wann dies geschehen, immer nur auf mehr oder minder schwankende Hypothesen stoßen muß.

1) Über Poenus, Poenicus, Poenicius s. Corss. Vokalism. etc. II²814. — Hehn, Kulturpflanzen und Haustiere, 3. Aufl., S. 520: »Daß auch eine kürzere Form in alter Zeit im Gebrauch war (für Φοῖνιξ), geht aus dem entlehnten lateinischen Poenus hervor, welches griechisch Φοῖνος wäre.« — Keller Epileg. Hor. c. 2, 13, 15, p. 156. — Vanič. Fremdw. 60. —
2) E. Curtius, griech. Gesch. I⁴ 412 ff. —

Μάλιστα τε κάμψας ἐπιλάθου τῶν οἴκαδε! — [1]) Das war ein alter Schifferspruch, in welchem sich kundgiebt, wie unheimlich den Hellenen außerhalb ihres Inselmeeres zu Mute war. Aber der Trieb, auch die entlegeneren Küsten mit ihren unbekannten Völkern in den Kreis ihres Verkehrs hereinzuziehen, ließ sich selbst durch widrige Strömungen, trüben Himmel und unbekannte Winde nicht abschrecken. Freilich ist der erste Verkehr mit dem westlichen Kontinente von den Inseln ausgegangen, welche vor dem äußeren Golf von Korinth liegen: also von den Echinaden, sodann von den größeren und ferneren Meerinseln, wie Zakynthos, Same, Ithake und Leukas, ganz besonders aber von der nördlicher gelegenen Küsteninsel Kerkyra oder Korkyra, welche mit Euboia in unverkennbarer Verbindung stand und so auf die noch älteren Beziehungen zum ionischen Kleinasien hinweist. „Kerkyra war die Schwelle von Italien. Denn nördlich von der Insel ist es nur ein Sund, welcher die Kontinente trennt, schmaler als die Wasserbreite zwischen Kythera und Kreta; vom epirotischen Ufer sind die Apenninen sichtbar. Hier hat ein Völkerverkehr stattgefunden, welcher der Zeit chalkidischer Kolonisation lange vorausgegangen ist." —

Es ist für unsere Betrachtungen unwesentlich, ob in Messapia, dem Lande der Japyger, die Brudervölker der Gräker und Italiker, welche sich vor Zeiten im illyrischen Bergland getrennt hatten, also im süditalischen Halbinsellande auf dem Seeweg zuerst wieder mit einander in Berührung gekommen,[2]) oder ob die Beziehungen anderer Art gewesen sind[3]), gleichviel, für Italien ist es von den wichtigsten Folgen gewesen, daß die

1) Strabo 776.
2) Curt. gr. Gesch. I 416.
3) Mommsen. r. Gesch. I 11 Anm.

von Osten kommenden Elemente der Civilisation nicht zunächst auf seine östlichen Landschaften einwirkten, sondern erst aus den westlichen in diese gelangten.

Auf den westgriechischen Inseln wohnten die lelegischen Völker der Kephallenen, Taphier und Teleboer; der Taphierkönig Mentes trieb zuerst den überseeischen Handel, indem er aus Temesa das Kupfer holen ließ und dafür Eisen- und Stahlwaren austauschte. Mit diesem Handel floß gleichzeitig von dem griechischen Sagenschatz nach der Westküste Italiens; wenn später griechische Bildwerke mit ihren durchaus auf dem poetischen Schatz der Nation ruhenden Darstellungen bereitwillige Aufnahme fanden, wenn die Namen von Bellerophontes, Laomedon, Ganymedes, Neilos und Semele in Altlatium barbarisiert wiedererklangen als **Melerpanta, Alumentus, Catamitus, Melus** und **Stimula**[1]), so lassen

---

1) Cocles aus Κύκλωψ mit Mommsen (r. G. I. 226) entstanden zu denken verbietet uns die offenbare Verwandtschaft des Wortes mit cae-cu-s von der Wurzel ska, also aus *sco-culu-s, dunkel machend, vgl. Vanič. Wb. 1056. Proserpna dagegen aus Περσεφόνη abzuleiten verhindert uns einerseits weder die heftige Polemik Corssens (ital. Sprachk. 233 f.), noch vermögen uns andererseits die von zahlreichen Gelehrten angeführten Gründe von der Entlehnung zu überzeugen; man vergl. CIL. I 57. p. 554 n. 25. — Bücheler-Windek. lat. Dekl. 64. — Neues Formenl. I. 4. 14. — Corss. Beitr. 395; Nachtr. 304; Vok. I 243, 677. 683. II. 518. 722. — Mommsen r. G. I 179. — Vanič. Wb. 585 f. (Grassmann, Kuhns Ztschr. XVI 106; Zeyss, ibid. XVII 436. — Jordan krit. Beitr. z. Gesch. d. lat. Spr. 68—72, aber auch 357, und dazu Osthoff, Zarnckes litt. Centralbl. 1879, N. 34, p. 1095. — Bücheler Rhein. Mus. XXIII 284. — Jahresber. d. philol. Vereins in d. Ztschr. f. d. Gymnasialw. XXXI. Jahrg. Dezbr. 1877, p. 374. — O. Keller, Jahrb. 1875, 77. — Id. rhein. Mus. XXX 1875, 128 f. — E. Huschke, d. neue osk. Bleitafel und d. pelign. Inschr. aus Corfinium, p. 80. Sophus Bugge, altital. Studien, p. 74 und Verf., Zarnckes Centralbl. 1878. N. 40, p. 1325. — Deecke in Bezzenbergers Stud. 2, 164. — Nicht unerwähnt dürfen wir lassen, daß Jordan in seinen kritischen Beiträgen zur Geschichte der latein. Sprache u. a. auch gerade den Wörtern Melerpanta, Alumento, Catamitus, Melo seine besondere, leider etwas allzukühnen Anlauf nehmende Aufmerksam-

diese Umstände einigermaßen erkennen, in wie ferner Zeit schon solche Erzählungen von Latinern vernommen und wiederholt worden sind. Für die schon sehr frühzeitige Ausdehnung der hellenischen Fahrten auch nördlich vom Vesuv dient als bester Beweis die Lokalisierung der Odysseussage an den Küsten des Tyrrhenischen Meeres; mit der ersten aufdämmernden Kunde von Italien beginnt auch Diomedes im Adriatischen, Odysseus im Tyrrhenischen Meer zu irren.[1]) Die Chalkidier lösten die Taphier im Erzhandel ab; als die beste Gegend zur Niederlassung erkannten sie die campanische Küste, wo die üppigste Produktionskraft des Bodens mit der glücklichsten Uferbildung zusammentraf. Und während am südlichen Zugang des Golfs Teleboer schon die Insel Capri besetzt hatten, gründeten die euböischen Seefahrer auf den westlich gegenüberliegenden Inseln, den metallreichen Pithekusen, eine Stadt, welche sie nach dem ältesten Hauptort ihrer Heimatinsel Kyme nannten. Zur selben Zeit wurde von Lokrern vom Berge Phrikios in Aiolis, in Kleinasien, am Elaïtischen Busen eine Stadt gleichen Namens mit dem Beinamen Φρικωνίς gegründet[2]), die Vaterstadt Hesiods und Ephoros'. So ist denn das italische Kymo, bald von den Italikern in Cumae[3]) verwandelt, auf steiler Anhöhe des Gaurus, etwas nördlich vom Vorgebirge Misenum, gegründet wohl um 1050, als

keit zugewandt hat; er setzt eine »vielleicht äolodorische Form« Φκιλλοφαντίης, ebenso ein *Γα-θ-ο-μήδης und Μήλος voraus, während er für Alumento Alumneto lesen will. –

1) Curtius gr. G. 1 661. 194: »Die in dem jüngern νόστος der Olyssee aufgenommenen italischen Lokalsagen fallen durchaus in den Bereich der chalkidischen Kolonieen; Müllenhoff deutsche Altertumsk. 1,57.«

2) Herodt. 4, 150.

3) Ambrosch, Studien u. Andeutungen etc. I 200, 60. vgl. auch Dionys. G. 21 7, 2.

die älteste und zunächst blühendste, reichste und angesehenste der griechischen Kolonieen in Italien anzusehen.

„Jahrhunderte lang hat Kyme einsam auf seinem Strandfelsen gelegen, ein Vorposten hellenischer Bildung im fernsten Westen. Hier hat griechisches Wesen auf italischem Boden zuerst tiefere Wurzel geschlagen. Von hier sind die umliegenden Gestade mit griechischen Gottesdiensten und Heroensagen erfüllt, von hier wird auch die Erz- und Eiseninsel Aithalia (Elba) ihren Namen und ihre geschichtliche Bedeutung erlangt haben. Aus der Zeit der frühesten Ausbreitung hellenischer Seestämme hat Kyme sich in tapferem Widerstande gegen die umwohnenden Barbaren gehalten, bis nach Beruhigung der Meere neuer Zuzug aus Euboia, Samos und anderen Gegenden zuströmte und den Doppelgolf von Neapel zu einem blühenden Griechenland machte." [1] —

Wenn die Fahrt der hellenischen Schiffer durch den engen Sund zwischen Italien und Sicilien zur neuen Pflanzstätte ging, sahen sie zur Linken dieselben vulkanischen Rauchsäulen gen Himmel steigen, welche, wie sie wohl erfahren hatten, an der üppigen Fruchtbarkeit der Phlegräischen Felder mit ihren geheimnisvollen Kräften einen Hauptanteil besaßen. Es lockte sie, wie am Fuße des Vesuv, so auch in der Nähe des Ätna sich anzusiedeln; dann befestigten sie mit Hilfe von Messeniern aus der Peloponnes, welche der erste messenische Krieg zu Flüchtlingen gemacht hatte, unter Anführung des Antimnestos den Riß, welcher Insel und Halbinsel

---

[1] Nach Holm, Gesch. Siciliens, freilich erst um 900 gegründet; vgl. Strabo 243. 254. 264. Vell. Paterc. I 4. Euseb. — Der Dialekt der Ansiedlung war der ionische. — Momms. r. G. 1 31. 128. 130. 200. 441. Niebuhr will freilich nicht glauben, daß es die älteste griechische Kolonie sein sollte, vgl. r. G. I 173 f., ferner III 204 f. —

zerrissen zu haben schien¹), und nannten ihn Ῥήγιον. Jene sicilische Kolonie aber, welche die Söhne des Mutterlandes Euboia mit der Tochterstadt Kyme zusammen gründeten, war die alte Stadt der Sikuler Zankle (sik. ζάγκλον, die Sichel), deren Name vorläufig beibehalten wurde.

Hier war freilich kein Punkt zum Stehenbleiben. Fast gleichzeitig schritt die griechische Kolonisation nach Norden wie nach Süden mit festem Schritte weiter vor.

Es würde jedoch zu weit führen, auch außerhalb des Rahmens unserer Betrachtung liegen, wollten wir mit gleicher Ausführlichkeit die Entwicklung des Fortschrittes sämtlicher griechischer Kolonieen auf italischem und sicilischem Boden verfolgen; jene ersten Auswanderungen blieben nicht vereinzelt; Ionier von Naxos und von Chalkis auf Euboia, Achäer, Lokrer, Rhodier, Korinthier, Megarer und Spartaner folgten nach. So ist denn das griechische Sicilien und Großgriechenland aus den verschiedenartigsten hellenischen Stammschaften oft ununterscheidbar zusammengeschmolzen. Jedoch können wir mit Mommsen²) im ganzen drei Hauptgruppen unterscheiden: die ursprünglich ionische, die achäische und die dorische. Von den wenigen mehr vereinzelt stehenden Ansiedlungen wird später noch die Rede sein.

Zunächst also die unter dem Namen der chalkidischen Städte zusammengefaßte, ursprünglich ionische Gruppe. Zu dieser gehört in Italien das viel erwähnte Kyme mit den übrigen griechischen Niederlassungen am Vesuv und Rhegion³); auf Sicilien, wie

---

1) Aesch. ap. Strab. 6, 258. Exc. Strab. 6,11. D. Sic. 4,85. Phil. inscrr. mund. 96. Kmt. zu D. Per. 310. Schol. D. Per. 80. Tin. 3, 4 (11). Solin. 5, 5. Paus. 1, 23, 6. Hercul. Pont. c. 25.
2) R. G. I 129.
3) Auch Pyxus (Buxentum, jetzt Policastro [ἐπαλαιόκαστρον])

wir sahen, Zankle (das spätere Messana): außerdem aber Naxos, Katane, Leontinoi und Himera. Wie nämlich Zankle durch seine Lage an der so wichtigen Seestraße ein für den Handelsverkehr unentbehrlicher Punkt war, so vereinigten die anderen Plätze Siciliens die günstigsten Eigenschaften für das Gedeihen eines griechischen Gemeinwesens: „eine Reihe von Uferebenen, welche sich mit wohlbewässerter Niederung in das Land hineinzogen, im Rücken von schützenden Bergen umgeben, am Strande offen und mit günstigen Ankerplätzen ausgestattet". — Die Daten der einzelnen Gründungen setzen wir, dem jetzigen Standpunkt der Untersuchungen entsprechend, bei Naxos auf 735, Katane und Leontinoi um 729, Himera um 650 v. Chr.

Auf der Küstenstrecke um den Vesuv herum entstanden aber durch Zuzug neuer Kolonisten aus Griechenland her folgende neue Städte: durch ionische Samier 520 Dikaearchia, von den Italikern später Puteoli = die Brünnlein (das heutige Pozzuoli) genannt, dann aber unter Mitwirkung athenischer Auswanderer Neapolis, deren früherer Name, besonders nach dichterischer Überlieferung, Parthenope gelautet haben soll. Das ältere Palaeapolis ist wohl in der „Neustadt" aufgegangen; jedenfalls findet es 326 v. Chr. keine Erwähnung mehr. Griechisches Wesen aber und griechische Sprache erhielt sich in Kyme bis zu den Gotenkriegen, in Neapolis bis ins 7. Jahrhundert nach Chr., wie uns sogar Inschriften beweisen.

Die zweite Gruppe ist die achäische; sie umfaßt Sybaris und die Mehrzahl der großgriechischen Städte, welche später den mächtigen achäischen Städtebund

di Busento) gehört hierher; es ist 467 von Ioniern aus Rhegion erbaut worden, vgl. das instruktive Lehrbuch der alten Geographie von Heinrich Kiepert p. 442 ff. —

bildeten. Seit dem 8. Jahrhundert v. Chr. wurde von diesen vorzüglich achäisch-äolischen, in großer Menge eingewanderten Ackerbaukolonisten die schwächeren Völker der Chaoner, der Önotrer, ein Teil der Sikeler und die eigentlichen Italer oder Italioten unterworfen und nach und nach so völlig assimiliert, daß das ganze Land in der Blütezeit des 6. und 5. Jahrhunderts als ein nach Sprache und Sitte griechisches galt und den Beinamen ἡ μεγάλη Ἑλλάς[1]), magna Graecia[2]) (auch maior[3]) erhielt.

Sybaris, um 720 v. Chr. von Achäern und Trözeniern in der überaus fruchtbaren unteren Thalebene des Krathis gegründet, beherrschte in seiner Blütezeit, wo es als reichste Stadt des ganzen griechischen Westens galt, auch die Westküste des späteren Lucaniens, im ganzen 4 Volksstämme und 25 Städte, bis es 510 v. Chr. von den Krotoniaten besiegt und völlig zerstört wurde. An seiner Stelle wurde 443 unter athenischer Führung die neue gesamthellenische Kolonie Thurii (Θούριοι, auch Θούρια) angelegt. Kroton (jetzt Cotrone), 710 von Achäern erbaut, hatte bis zur lucanischen Eroberung großen Landbesitz, zu welchem die alten önotrischen Landstädte Petelia, Skylakion (Squillace) und das durch Kupfergruben bekannte Temesa oder Tempsa gehörten, während die gleichfalls von Kroton ausgegangenen Städte Kaulonia und Terina sich zu selbständigen achäischen Gemeinden erhoben.

Die Küstenstädte des späteren Lucaniens sind ebenfalls von durchaus griechischer Gründung: im Tyrrhenischen Meere Poseidonia, einst die entfernteste Stadt des Gebietes von Sybaris, nach dessen Fall selbständig, nach der lucanischen Eroberung um 400 nur unter ihrem

1) Zuerst bei Polyb. — 2) Cic. — 3) Liv. u. a.

italischen Namen **Paestum** bekannt, deren berühmte Tempelruinen noch heute einen Abglanz der einstigen Herrlichkeit wiederspiegeln. Sodann **Laos** am gleichnamigen Fluß (jetzt Laïno), ebenfalls eine achäische Ansiedlung von Sybaris. Am Tarantinischen Golfe **Metabus** oder **Metapontion** (lat. Metapontum), die nördlichste, um 700 entstandene achäische Ansiedlung.

Der dritten, dorischen Gruppe gehören, wie **Syrakus**, **Gela**, **Akragas**, so überhaupt die Mehrzahl der sicilischen Kolonieen[1]) an, in Italien aber nur **Taras** und dessen Pflanzstadt **Herakleia**.

Betrachten wir zuerst die dorischen Kolonieen der Ostküste und des inneren Siciliens. Die Altstadt von Συράκόσαι wurde auf der Insel **Ortygia**, auch bloß νᾶσος genannt, nur ein Jahr nach der Gründung von Naxos 734 v. Chr. durch korinthische Auswanderer, welche die früheren phönikischen Ansiedler verdrängten, gegründet. Syrakus ist später mit seinen andern Stadtteilen Tycha, Temenites oder Neapolis und Epipolae vor der Erbauung der großen hellenischen Hauptstädte des Orients, wie Alexandreia, Antiocheia und Seleukeia, die größte, volk-

---

1) Auch die Αἰόλου νῆσοι oder Αἰολίδες (Aeoliae), vulkanisch besonders Ἱερὰ Ἡφαίστου (jetzt noch Vulcano genannt, aber erloschen) und Στρογγύλη (jetzt Stromboli), bildeten sämtlich den Besitz eines kleinen dorischen Stautes, einer 580 angelegten Kolonie von Rhodiern und Knidiern, welche aus Lilybaeon vertrieben waren, deren Stadt auf der gleichnamigen Halbinsel Lipara lag (λιπαρά »die fette«, jetzt Lipari, die ganze Gruppe auch αἱ τῶν Λιπαραίων νῆσοι). Diese Griechen bildeten eine Art Vorhut Siciliens gegen die oben erwähnten etruskischen Piraten, deren Flotten sie wiederholt geschlagen haben, und zogen einen reichen Gewinn aus dem Verkauf des auf der Inselgruppe in Menge vorhandenen Schwefels und Alauns. Die weniger angebauten kleineren Inseln sind die aus zwei durch einen Sattel verbundenen Vulkankegeln bestehende, davon benannte Didyme Salina, Phoenikussa »die dattelreiche«, Filicudi, Erikussa »die mit Heidekraut bewachsene«, Alicudi, Euonymos »die linke«, Panaria.

reichste und glänzendste aller von Hellenen bewohnten Städte geworden; zu seinem Gebiet gehörten die kleineren am Südrande der Insel von Doriern bewohnten Städte Akrae seit 664, Kasmenae 644 u. Kamarina 599, letzteres seit 486 von Gela aus mit neuen Kolonisten verstärkt und selbständig, aber unbedeutend. Megara, zubenannt Hyblaea oder Geleatis, seit 476 das oben erwähnte, ursprünglich ionische, dann aber dorificierte Leontinoi; im Binnenlande eine große Zahl hellenisierter Orte der Sikeler, besonders Neeton (jetzt Noto), Enna oder Henna (jetzt Castrojanni), Assoros (jetzt Asaro), Inessa oder Aetna.

Ferner die dorischen Städte der Südwestküste Gela, Akragas und Selinus.

Gela wurde 689 von Kretern und Rhodiern in fruchtbarer Küstenebene (*Γελῷον πεδίον*) erbaut und bald sehr mächtig, 405 aber von den Karthagern und 208 von den Akragantinern zerstört. Seine Kolonie Akragas (jetzt Girgenti), 581, herrschte im 5. Jahrhundert als bedeutendste Handelsstadt der ganzen Südküste bis zur Nordküste bei Himera, 401 von den Karthagern zerstört, 340 durch neue Kolonisten völlig hergestellt, während die kleine lakedämonische Niederlassung Herakleia Minoa schon 408, kaum gegründet, durch die Karthager zerstört völlig verschwand.

Endlich hat Selinus, um 628 von Megarensern aus Hybla bei Syrakus gegründet und Jahrhunderte lang mächtig und volkreich, ebenfalls von karthagischer Seite 409 Eroberung und 250 völlige Zerstörung erfahren; die zum Teil unvollendeten Tempelbauten von Selinus und Akragas gehören jetzt zu den kolossalsten und ältesten erhaltenen Werken griechischer Architektur.

Auf dem Festlande besaß die Südküste der Halbinsel an dem danach benannten Tarantinischen Meerbusen durch die Lage des 708 von lakonischen Doriern besetzten *Τάρας* einen sicheren Port auf einer flachen, aber felsigen, ein seeähnliches Becken fast völlig einschließenden Landzunge. Von dieser Stadt wird später bei Gelegenheit der Schilderung des Handels ausführlicher die Rede sein; gar bald erwuchs sie nämlich zur blühendsten Handels- und Fabrikstadt Unteritaliens. Als von den Tarantinern gegründet und wohl auch in Abhängigkeit erhalten sind die beiden kleineren griechischen Küstenplätze der Landzunge anzusehen: im Golfe auf einer vorspringenden kleinen Felshalbinsel **Kallipolis** (einheimisch Anxa, jetzt Gallipoli genannt) und an der Ostküste **Hydruntum** (*Ύδροῦς*, in lateinischen Inschriften auch Hutrentum, jetzt Otranto), mit kleinem Hafen, der aber als Überfahrtspunkt über die schmalste Stelle der Meerenge viel benutzt wurde.

Das gemeinsam von Tarantinern und Thuriern 432 angelegte **Herakleia** wurde als neue Bundeshauptstadt der gesamten Italioten die Nachfolgerin des von Ioniern aus Kolophon gegründeten **Siris**, welches Achäer vor 500 zerstört hatten.

Vereinzelt steht eine Gründung äolischen Stammes da, nämlich **Lokroi**, zum Unterschiede beigenannt *Ζεφύριοι* oder *Ἐπιζεφύριοι* nach dem benachbarten Zephyrischen Vorgebirge, eine vor 675 entstandene Gesammtansiedlung der westlichen Lokrer; ihr Gebiet reichte über das Waldgebirge Sila bis an die Westküste, wo die Städte **Medama** (Medma oder Mesma, der Fluß heißt noch jetzt Mesima) und **Hipponion** lagen. Schließlich noch das von flüchtigen phokäischen Ioniern um '540 erbaute **Velia**, griechisch genauer umschrieben *Ύέλη* (Münzen *Υελητων*), attisiert in *Ἐλέα*, in der Mündung eines engen, wenig Ackerboden gewährenden Thales aber mit gutem Ankerplatz und durch Fischfang und

Seehandel zu mäßiger Wohlhabenheit emporgebläht: bekannt als Sitz der nach ihr benannten Philosophenschule.

Blicken wir zurück auf die griechische Einwanderung, so überwiegt in derselben die ältere hellenische Schicht der Ionier und der vor der dorischen Einwanderung in der Peloponnes ansässigen Stämme; die Ionier waren eben ein altes Handels- und Schiffervolk, während die rein dorischen Stämme zu allen Zeiten dem Seeverkehr ferner geblieben sind. Belehrend ist Mommsens Bemerkung[1]) über den Münzfuß, in welchem die verschiedenen Einwanderergruppen sehr bestimmt auseinandertreten. „Die phokäischen Ansiedler prägen nach dem in Asien herrschenden babylonischen Fuß. Die chalkidischen Städte folgen in ältester Zeit dem äginäischen, das heißt dem ursprünglich im ganzen europäischen Griechenland vorherrschenden und zwar zunächst derjenigen Modifikation desselben, die wir dort auf Euboia wiederfinden. Die achäischen Gemeinden münzen auf korinthische, die dorischen endlich auf diejenige Währung, die Solon im Jahre 160 Roms in Attika eingeführt hatte, nur daß Taras und Herakleia sich in wesentlichen Stücken vielmehr nach der Währung ihrer achäischen Nachbarn richten als nach der der sicilischen Dorer."

Es bedurfte, wie der Einsichtige nicht bestreiten wird, dieser knappen Darstellung der geographischen Grundlage, auf welcher sich nunmehr die Schilderung der ältesten Beziehungen zwischen den ausgewanderten Hellenen und den Latinern aufbauen soll. Es ist keine müßige Frage, was aus Latium und den Römern wohl

---

1 R. G. I 129; vgl. ibid. 180 f. über die Zeit der griechischen Einwanderung.

geworden wäre, wenn jene Kolonisation nicht so durchdringend gewirkt und die Berührungen zwischen beiden nicht so innige gewesen wären. Dieser einleitenden Untersuchung über die ältesten Verkehrsverhältnisse entspräche es nicht, wollten wir die Verehrung griechischer Gottheiten und Helden, die griechischen Benennungen von Münzen, Maßen, Gewichten, Handelsartikeln, Gegenständen der Industrie und Kunstarbeit sowie des Seewesens hier schon in aller Ausführlichkeit besprechen: wird von ihnen in Kürze die Rede sein, so sind aber vor allen Dingen aus dem Zeitalter der Tarquinier die Namen von Völkern, Ländern u. Städten zu nennen, aus denen wir ersehen, daß die alte volkstümliche Sprache dieser Epoche sich Fremdwörter vollkommen mundgerecht gestaltet nach einheimischen Lautgewohnheiten und Eigentümlichkeiten der Wortbildung und Wortbiegung.

So Cumae aus Κύμη, Tarentum aus Τάραντα (Acc. von Τάρας, Τάραντος), Hydruntum aus Ὑδροῦντα (Acc. von Ὑδροῦς, Ὑδροῦντος), Velia aus Ὑέλη oder Ἔλεα, Buxentum aus Πυξοῦντα (Acc. von Πυξοῦς, Πυξοῦντος), Catina aus Κατάνη,[1]) Hinna aus Ἔννα,[2]) Agrigentum aus Ἀκράγαντα (Acc. von Ἀκράγας, Ἀκράγαντος),[3]) Sipontum aus Σιποῦντα (Σιποῦς, οῦντος), Soluntum aus Σολοῦντα[4]) (Σολόεις [Σολοῦς], Σολόεντος [-οῦντος]).

---

1) Corss. Vok. II. 256. Cati-na Or. 3708. Cati-n-ensi-um Or. H. 6512.
2) CIL. I 530 HINNAD ca. 211 v. Chr.; Corss. II 270.
3) Corss. II 213.
4) Beachtenswert ist in allen diesen Fällen die Ableitung aus dem jedenfalls hier lokal gebrauchten Accusativ; hinsichtlich der Appellativa hat neuerdings M. Ruge einiges [Bemerkungen zu den griechischen Lehnwörtern im Lateinischen vgl. S. 161"] festgestellt, vgl. aber die Recension von O(skar) W(eise) in Zarnckes litt. Centralbl. 1881 N. 20, p. 703 f., des Verf.s Kritik in der phil. Rundsch. 1881. N. 22, p. 712—715, sowie H. Jordans aburteilende Bespr. in d. Dtsch. Litt.ztg. 1881, N. 14, p. 516 f. — Eine umfassen-

Aber auch Siculi (Corss. II 142) und Sicilia¹) (II 355)
selbst aus Σικελοί und Σικελία, Accruntia und Acce-
runtini²) von Ἀχερόντιος u. a. m., ferner die Wörter
Achivi, Argivi aus Ἀχαιοί und Ἀργεῖοι sowie Graeci
aus Γραικοί sind Zeichen des frühsten Verkehrs der Italiker mit den Griechen; besonders der Umstand, daß
den ersteren das Griechenvolk bekannt ward, ehe der
neuere hellenische Stammname den älteren der Grüker
verdrängte. Endlich die Städtenamen von Athenae,
Sparta, Corinthus, Syracusae u. a., ebenso Poenus, Poenicus, Poenicius.³) Mit Unrecht aber stellt
Corssen (II 813 f.) auch Karthago hierher; dasselbe
ist vielmehr aus dem phönikischen Karthada (-Neustadt)
entlehnt, woraus die Griechen ihrerseits Καρχηδών bildeten.
Von Appellativis gehören hierher:⁴) drachu-
ma (Corss. II 131), obulus, triobulus (II 142), mina
(II 268), talentum (II 213), statera, trutina (II
256), calx und purpura mit purpureus (II 82. 164);
caduceus und machina (II 256), placenta, patina
(II 256); aplustre (II 190), nausea, antenna⁵) und

*Eine systematisch geordnete Bearbeitung dieses sowie des ganzen
einschlägigen Gebietes dürfen wir demnächst in der Preisschrift
von Oskar Weise erwarten: Die griechischen Wörter in
der lateinischen Sprache, gekrönt von der Fürstlich Jablo-
nowskischen Gesellschaft der Wissenschaften zu Leipzig (1881). —
1) Cic. I 351 (152 v. Chr.); 475 (54 v. Chr.. Hier ist vorhergehende e durch I der folgenden Silbe zu I assimiliert, da in
Siculus das e des griechischen Σικελός erst durch das folgende
I so u verdunkelt ist.
2) J. S. 480. Corss. II 178; kr. Btr. 469. 476 f., woselbst aber
vom Fall später berichtigte Anschauungen vertreten sind.
3) Corss. I 703. Hehn, Kulturpflanzen und Haustiere 529;
vgl. auch oben.
4) Hier aus sprachlichen Gründen, weiter unten in sachlicher
Zusammenstellung genannt.
5) Curt. Hamb Philol.-Vers. 1865. Andeut. p. 4. — Mommss.
R. G. I 177 Anm. — Kühner lat. Gr. I 121. 584. — Beermann.

auch wohl ancora (II 74. 81). Von den uralten Lehnwörtern tensaurus (I 265) und triumphus (II 168 f.) wird ebensowie von Hercoles, Polluces, Castor, Apollo, Oinomaros u. dgl die Schilderung der Verehrung griechischer Gottheiten und Helden in einem späteren Hefte zu reden haben. Erwähnung finden müssen aber hier noch drei sehr wichtige Wörter dieser ersten und ältesten Kulturperiode:

1. poena¹), die Sühne und Buße: in der neusten Auflage seiner Grundzüge äußert sich G. Curtius (p. 472), wie folgt:

Da anlautendes p im Lateinischen schwerlich je aus k entstanden ist, nötigt uns die Identificierung von

---

Curt. Jub. 1874, p. 104. — Ribb. prol. Verg. 382. — Ritschl. prol. Plaut. Trin.² p. 93. Id. Opusc. II 522. 773. — Döderlein Wtb. 10. 152. — Id. Syn. V 94 VI 21. Id. Hdb. 10. — Otto Keller, Jahrb. 1877 (115), p. 125—127. — So richtig nun Keller über antenna urteilt, so wenig billigen wir seine Behauptungen: rēmus sei aus ἐρετμός, navis vielleicht aus ναῦς, supparum aus σίπαρος, malus (Mastbaum) aus μαλέα (dor.) entlehnt; aus einem krummen Apfelbaum wird auch im Altertum niemand einen Mastbaum gemacht haben, supparum ist sicher oskisch, navis vom gräkoital. Stamme nā-vi-; rēmus hängt mit Wurzel ar zusammen, „vom Pflügen des Meeres"; remulcum endlich gehört zu promulcum und sollte doch endlich einmal von ὁρμοτύκειν getrennt werden! — Vgl. noch Kuhns Zeitschr. 14, 415 und Verf. Griech. Lehnw. im Lat. p. 14 ff. —

1) Leo Meyer, der rastlose Forscher auf ferner Kulturoase, hatte die Freundlichkeit, sich brieflich folgendermaßen zum Verf. zu äußern: „Ich halte Entlehnung des lat. poena aus dem Griechischen für ganz unzweifelhaft; es wird schon sehr früh entlehnt sein, stand z. B. schon auf den XII Tafeln. Das griechische ποινή schließt sich nebst τίνειν, τίνεσθαι, τιννύω an die altindischen ci an: cájatai ‚er rächt, er straft‘, caitár ‚Rächer‘, ápa-citi ‚Bestrafung, Vergeltung‘, altbaktrisches kaēnā f. ‚Strafe‘. Ganz ebenso liegt πότερος (-altindisch katarás) neben τίς (altindisch kím ‚was'). Die verschiedene Entwicklung des π und τ aus derselben Grundlage (kv) beruht auf der Verschiedenheit der je folgenden Vokale (π vor o, τ vor ι), im Lateinischen kann kein p gegenüberstehen." —

ποινή mit kaéna, lat. poena für ein Lehnwort aus
dem Griechischen zu nehmen. Die alte Herleitung
beider aus W. pu verteidigt Corssen ital. Sprachk.
140, wobei jedoch die wichtige kyprische Form
πεἰσει „er wird bezahlen" (Tafel von Idalion Z. 12
und 25) — gar nicht erwähnt wird." —
Sonst s. Corss. I 274. 327. 859 Anm. 370. 703. 810.
Id. it. Sprachk. 139. 140. 141 (interessant ist es, zu
hören, daß Benfey Corssens Richtung eine ‚isolierende'
genannt hat.) — Van. Wb. 155. — Bugge Kuhns Z.
19, 406 f. (vgl. ibid. 7, 165). — Förstemann ibid. 17,
369. — Fick Spracheinh. 81. Id. Wb. 126. Id. vgl. Wb.
I 147. III 533. IV 140. — Död. Syn. VI 274. — Geiger
Urspr. d. Spr. p. 184, 47. p. 435. — H. Colitz d. Entst.
d. indog. Palatalreihe, Bezzenb. 3, 198, 1. — J. Schmidt
Verwandtsch. d. indog. Spr. 57. — Pictet orig. ind. II
560. — Schuch. Vulgärl. I 457. — F. Max Müller üb.
d. Result. d. Sprachwissensch. Straßburg 1872, p. 22 f.
— Kühner lat. Gramm. II 355. — Verf. gr. Lehnw. 28 f.
Freilich sagt Mommsen, r. G. I 25: „Gericht (crimen
κρίνω), Buße (poena, ποινή [sic!]), Wiedervergeltung
(talio, ταλάω, τλῆναι) sind gräkoitalische Begriffe",
was sprachlich in Bezug auf poena nunmehr hinfäl-
lig wäre. —

2. caduceus, i, m.   äol. καρύκιον, τό, att. κηρύκιον
caduceum, i. n.   (κηρύκιον), ion. κηρύκηϊον,
der Heroldstab, ein Olivenstab mit weißer Binde, wofür
später das Schlangenpaar (vgl. O. Müllers Arch. § 379, 3)
gesetzt wurde, ein Zeichen friedlicher Botschaft, cfr. Varr.
ap. Non. p. 528, 18.
G. Curtius, Grdz. p. 438: „Dazu kommt dann noch
die Anlehnung an den einheimischen Wörterschatz,
für welchen Förstemann (Ztschr. I zu Anfang) den

treffenden Namen Volksetymologie¹) eingeführt hat.
Daß das lateinische caduceus, wie man schon längst
annahm (Vossius Etymol. s. v.) in der That nur eine
Latinisierung von dor. καρύκιον (att. κηρύκιον) ist,
darf man nicht bezweifeln und wohl trotz der Länge
des ā Anklang an cadere, caducus darin erkennen.
Wollte man aber deshalb den Übergang von r in d
überhaupt, das heißt auch in heimischen ererbten
Wörtern für zulässig halten, so wäre das sehr falsch." —
Ferner zu vergl. Curt. Hamb. And. p. 3. — Död.
Wb. 174. Id. Syn. VI 45. Id. Hdb. 23. — Schweizer-
Sidler, Kuhns Ztschr. XII 300. Förstemann ibid. XVII
375, vgl. 430. — Grasberger Erziehung II 309. —
Zehetmayr Wb. 57. — Krause, Ursprache, Progr.
Gleiwitz 1876, p. 12.

3.²) arra oder arrha, ae, f., in der
älteren Zeit meist üblich in der   ἀῤῥαβών, ῶνος, ὁ (nach
Form arrabo oder arrhabo,   VLL. ἡ ταῖς ὠναῖς πα-
onis, m., abgekürzte Form rabo,   ρὰ τῶν ὠνουμένων διδο-
Plaut. Truc. 3, 2, 20 (665) sq.,   μένη προκαταβολή,
vgl. Gell. 17, 2, 20; bei Cicero   ὑπὲρ ἀσφαλείας),
kommt das Wort gar nicht vor.

1) Vergl. damit den Aufsatz desselben trefflichen Gelehrten
in derselben Zeitschrift XXIII (Neue Folge III), 1876, 4. Heft
p. 376 f., betitelt περιπλομένων ἐνιαυτῶν. Die Verbreitung seiner treffenden Bezeichnung beweist das dänische ‚folksetymologiet‘,
das italienische ‚etimologia popolare‘ etc. — Verf. gr. Lehnw. p. 9,
Anm. 26: „Auf unserm Gebiet erinnern wir an adeps ἄλειφα(ρ)
mit dem Anklang an adipisci; aurichalcum für orichalcum
ὀρείχαλκος gleichsam von aurum; averta ἀορτήρ an a und ver-
tere erinnernd; incitega ἐγγυθήκη als ob von in und tegere;
liquiritia γλυκύῤῥιζα (liquere); obsoninm ὀψώνιον (obsonare);
opifera ὑπέρα (?) ops und fero); vielleicht auch noch rumpia
ῥομφαία (rumpere) u. s. w." — Eine wertvolle Fundgrube bietet
das tüchtige Buch v. Andresen, über deutsche Volksetymologie. —
2) Daß das Wort frühzeitig aus dem Griechischen ins Lateinische hinüberwanderte, geht aus der Häufigkeit hervor, in wel-

das, was bei Abschließung eines Kaufes als erste Anzahlung darauf gegeben wird und den Kauf verbürgt, meist in Geld bestehend, Aufgeld, Angeld, Daraufgabe, Kaufschilling. Anzahlung, vgl. Isid. or. 5, 25. Freilich ist das griechische Wort wiederum ein semitisches Lehnwort; Aug. Müller. semit Lehnw. im ält. Griech., Bezzenb. I 273: ..ἀρραβών Handgeld lateus = hebr. עֵרָבוֹן Unterpfand G 66 B I 101." cfr. Id. ib. 299. Sonst: Neues Formenl. I 156. 653. — Död. Syn. VI 27. - Rönsch It. u. Vulg. 239 (Corinth. II 5, 5). — Mommo. r. G. I 197. 201 Anm. — Ramshorn Syn. I 153. — II 614. Jordan, krit. Beitr. z. lat. Spr. 12. — Zehetmayr Wb. 36. — Ritschl Opusc. II 499. -- Verf. gr. Lehnw. 17 f. — Beermann Curt. Jub. 1874, p. 107. — Marqu. Privatalt. I 39. Id. Privatl. (1879) I 40. — Becker - Rein, Gallus² 2, 84. —

Von diesen drei wichtigen Wörtern: poena, caduceus und arrabo (arra und rabo) werden wir den beiden ersteren bei der Betrachtung des religiösen Lebens, dem letzten aber bei der Schilderung der Entwicklung des Handels noch begegnen.

Auch der Begriff barbarus „mit fremder unverständlicher Zunge redend", sowie das Adj. barbaricus, ersteres schon bei Naev., Plaut.,¹) Caec., Cato und Acc., letzteres bei Plaut., Enn. u. Pac. gebräuchlich, muß in

aber so die altlateinische Komödie dem römischen Publikum bieten durfte, so bei Plaut. Mil. 957. Most 648. 918. 1013. Poen. 1343. Trin. 4, 2, 72. Rud. 46. 555. 861. — Ter. Heaut. Tim. 603.
¹⁾ Während das Adv. barbare „nach Barbarenart", und das Subst. barbaria „Ausländerei" wohl erst von Plautus selbst gebildet worden sind. Nach dem alten Satze: „Ehre, dem Ehre gebührt" sei auch hier auf die leider fast vergessene Dissertation hingewiesen, welche sich mit den Entlehnungen des Plautus genauer beschäftigt: Symbola ad vocabula Graeca in linguam Latinam recepta. Dissertatio inauguralis philologica . . . . quam defendet auctor Albertus Goerke Steinwaldensis. Regimonti Pr.

jener Zeit aufgenommen sein; vielleicht auch der Begriff der Langsamkeit und Dummheit, wie er in dem aus βραδύς entlehnten **bardus** (schon bei Plaut. u. Caec. St. allgemein bekannt) vorliegt.

MDCCCLXVIII. — Verf. hat auf S. 39 Anm. in seinen griech. Lehnw. (Berlin 1876/77) sowie in Zarnckes litterar. Centralbl. 1877, N. 8, p. 248 f. auf die mitunter recht große Ähnlichkeit der Untersuchungen hingewiesen, welche zwischen der 1868 erschienenen Schrift Goerkes und der 1876 erschienenen Dissertation eines anderen vorherrscht; vor allen Dingen ist es befremdlich, daß dieser Verfasser — de vocabulis Graecis in linguam Latinam translatis scripsit N(athan) J(onas) Tuchhändler. Berolini 1876, nicht ein einziges Mal die Goerkesche Schrift citiert. Verf. versagt sich eine billige Replik gegen die von Anfang bis zu Ende gehässige und un—feine Polemik Tuchhändlers. In der 2. Abt. des Bursianschen Jahresberichtes 1876, S. 30 f. heißt es: „die Tuchhändlersche Schrift bietet nur im Anhange einige unerhebliche Bemerkungen über Plautinische Gräcismen. Ein Recensent derselben macht im litterarischen Centralblatt für 1877, N. 8, s. 248 f., aufmerksam auf eine Königsberger Inauguraldissertation von Alb. Goerke...., welche ausschließlich über Plautus handelt und vom Referenten, der sie erst bei dieser Gelegenheit hat kennen lernen, als eine erschöpfende u. genaue Sammlung empfohlen werden kann."

Das sind ehrliche und gewissenhafte Worte des Referenten über Maccius Plautus (Jahresber. f. 1876), Aug. Lorenz in Berlin; wer der Verfasser jener auch für Lorenz bestimmenden Recension im litt. Centralbl. gewesen, wird nach dem Obigen nicht mehr verborgen bleiben können. Das Verdienst aber, die Goerkesche Schrift der Vergessenheit entrissen zu haben, gebührt G. Meyer, welcher in Lentsch' philol. Anz. 1874, 6. Bd. 8. Heft, p. 346—358 Verfassers Index Graecorum vocabulorum in linguam Latinam translatorum quaestiunculis auctus. Berolini MDCCCLXXIV. wohlwollend und sachlich bespricht, jedenfalls in einem Tone, von welchem Tuchhändler immerhin lernen konnte, wie man auch hier und da tadeln kann, ohne gleich ausfallend zu werden. G. Meyer vermißt in Verfassers Index die Verwertung der Goerkeschen Schrift; völlig mit Recht, denn Verf. hat sie — und mit ihm wohl die weitaus größte Mehrzahl der Philologen — erst durch Meyers Erwähnung kennen und würdigen gelernt. Goerkes früher Tod hat diesen leider an seinem Vorhaben verhindert, Terenz, die Komiker, die Tragiker, Ennius, Lucretius, Lucilius, Varro (satirae Menippeae), Horatius (satirae , Persius, Juvenalis in gleicher Weise zu behandeln, wie den Plautus; seine Methode bei der Behandlung der Komödien dieses Dichters ist folgende:

Caput I. p. 1—23: vocabula Graeca insolita mutatione recepta.
Caput II. p. 23—26: vocab. Latina, quae originem e Graecis trahunt.

Daß der älteste latinische Verkehr nach Gründung Kymes und später der sicilischen Kolonieen ausschließlich mit den Kymäern und den Sikelioten stattfand, deuten uns Sprache und Schrift Latiums genügend an, die Beziehungen der Latiner zu den Griechen waren völlig andere als die der Etrusker zu den Hellenen: diese haben jedenfalls, wie dies Thongefäße, Silberstücke und Bronzegeräthschaften beweisen, auch mit dem eigentlichen Griechenland und zwar mit Attika verkehrt, während die Latiner Kunst und Anregung nur durch die chalkidisch-dorischen Kolonieen in Sicilien und Campanien empfingen. So gehen die römischen Namen Pollux[1]), Ulixes (aus Ὀλίξης), Aiax, Aperta oder Apellon (auch samnitisch Appellun aus dor. Ἀπέλλων) auf die in Sicilien üblichen Formen zurück, während Pultuke, Ut(h)uze, Aivas, Apulu bei den Etruskern aus den altgriechischen Formen entstanden sind. Ferner führt jede andere,

---

Caput III. p. 26—27: voces et formulae Graecae sine ulla mutatione Latine loquentium sermoni intermixtae.
Caput IV. p. 27—28: vocabula Latina more Graeco mutata.
Caput V. p. 28—32: de vocabulorum Graecorum apud Plautum significatione.
Caput VI. p. 32—38: de titulis comoediarum Graecis.

Da er aber auch der erste war, welcher kulturgeschichtliche Untersuchungen auf diesem Gebiete unternommen hat, so mögen die betreffenden Überschriften hier kurz erwähnt werden; die etwas bunte Anordnung mag man dem ersten derartigen Versuche zu gute halten. Also: Res sacra, res publica, res iudiciaria, res militaris, res nummaria, navigatio, commercium, servorum condicio, res gymnastica, ludi, balneae, vocabula cibaria, voces convivales, supellex, vestitus, luxus et ornatus, architectura, historia naturalis, medicina, philosophia, poetica, vocabula scaenica, musica, pictura, varia quae ad alios locos aliosve ad usum hominum doctorum accedentia vocabula ex ore hominum plebeiorum, interiectiones, varia. - Verf. hat es für seine Pflicht gehalten, die Rechte eines Verstorbenen zu wahren; der Raum und die Lust fehlen ihm aber, hier noch der weiteren ein Bild litterarischer Unvollständigkeit zu entrollen, habeat sibi! —

1) Vgl. Mommsen r. G. I 186 ff. u. Jordans Hypothesen in seinen krit. Beitr. z. Gesch. d. lat. Spr. p. 44.

uns aus so ferner Zeit gebliebene Spur auf denselben Weg; so die in Latium gefundene Münze von Poseidonia, der Getreidekauf bei den Kymäern und Sikelioten neben dem bei Volskern und Etruskern, vor allen Dingen aber das Verhältnis des latinischen Geldwesens zu dem sicilischen. Wie die lokale dorisch-chalkidische Bezeichnung der Silbermünze νόμος, das sicilische Maß ἡμίνα als nummus und hemina in gleicher Bedeutung nach Latium übergingen, so waren umgekehrt die italischen Gewichtsbezeichnungen libra, triens, quadrans, sextans, uncia in den verderbten und hibriden Formen λίτρα, τριᾶς, τετρᾶς, ἑξᾶς, οὐγκία schon im 3. Jahrhundert der Stadt in Sicilien in den gewöhnlichen Sprachgebrauch gedrungen. Lehrreich ist es auch, daß carcer ebenfalls als κάρκαρον von den Griechen übertragen wurde, ebenso das Wort für Handelsdarlehn μοῖτον aus mutuum[1]); auch ein wichtiges Zeugnis für den häufigen Verkehr der latinischen Schiffer auf der Insel Sicilien, welcher sie veranlaßte, dort Geld zu borgen und der Schuldhaft sich zu unterwerfen. Umgekehrt ward der Name des syrakusanischen Gefängnisses ‚Steinbrüche‘ λατομίαι in alter Zeit auf das erweiterte römische Staatsgefängnis, die lautumiae[2]) übertragen.

Damit sind wir aber schon in die Zeit des 2. puni-

---

1) Momms. r. G. I 155 f. Id. ib. 200: „Auch von dem alten Verkehr der Latiner mit den chalkidischen Städten in Unteritalien Kyme und Neapolis und mit den Phokäern in Elea und Massalia begegnen einzelne, wenn auch minder bestimmte Spuren. Daß er indes bei weitem weniger intensiv war als der mit den Sikelioten, beweist schon die bekannte Thatsache, daß alle in älterer Zeit nach Latium gelangten griechischen Wörter — es genügt, an Aesculapius, Latona, Aperta, machina zu erinnern - dorische Formen zeigen." Wir erinnern hier noch an die oben erwähnten Städtenamen Tarentum, Catina, Agrigentum, welchen der dorische Ursprung besonders deutlich noch anhaftet, sowie an caduceus aus καρύκειον.

2) Niebuhr r. G. III 542, 819. — Becker-Marq. Handb. 1 268.

schen Krieges gelangt, nach welchem sich das Wort butumiae zuerst findet. Denn in der ältesten Zeit müssen wir doch zwei Epochen unterscheiden, von denen die Epoche der Tarquinier die eben geschilderte gewesen ist; die zweite¹) aber für die Aufnahme griechischer Wörter in die lateinische Sprache beginnt, als durch das Zusammentreffen der Römer mit Tarent und Pyrrhus, dann durch den Kampf mit Karthagern und Sikelioten griechische und römische Sprache wieder in unmittelbaren und lebendigen Verkehr traten, als dann durch Livius, Naevius und Ennius zuerst **epische und tragische Dichtungen** der Griechen in lateinischer Sprache nachgebildet wurden, uns insbesondere die comoedia palliata eine Menge von griechischen Benennungen für Gegenstände oder Begriffe des reichen, vielgestaltigen und überfeinerten griechischen Lebens, wie es sich in der neueren Komödie darstellte, auf die Bühne brachte und somit von vornherein in die römische Litteratur einführte. Auch in diesem Zeitalter der ebenfalls noch unmittelbaren und naiven Aufnahme griechischer Wörter in die lateinische Sprache und auch noch späterhin wurden dieselben durch mannigfache Umbildungen dem römischen Munde und Sprachbewußtsein angepaßt.²)

1) Corss. II 814 f.
2) Aus Mommsens Zusammenstellung, r. G. I 106 sind auszunehmen: ‚sipio‘, das aus σκῆπον, ‚ebur‘, das aus ἐλέφας, ‚lucum‘, das aus γλευκός, ‚turunda‘, das aus τρυφή entlehnt sein soll; auch wohl linum, trotz der Quantitätsverschiedenheit, die selbst Holms gewandte Feder nur auf dialektischem Wege entfernen kann, ohne daß wir in diesem Falle dem sonst fast ausnahmslos zuverlässigen Führer zu folgen vermöchten (vgl. dessen Kulturpfl. etc. 149 150 153 528). Umgekehrt ist sicherlich nicht ‚patina‘ aus dem Lateinischen zum griechischen πατάνη geworden, sondern dieses Wort liegt dem römischen zu Grunde, vgl. machina aus μηχανή, runcina aus ῥυκάνη, trutina aus τρυτάνη und Catina

An Eigennamen in dieser Zeit begegnen uns
Götter und Helden, Völker und Städte, welche
alle, wie auch natürlich die Appellativa, sobald ihnen
durch irgend eine Lautveränderung an ihrem Wortkörper
der Stempel ihrer neuen lateinischen Sprachheimat auf-
gedrückt ist, auch nach lateinischer Weise betont werden:
mit diesem neuen Accent sind sie dann zu uns gekommen, wenn auch freilich nicht so unmittelbar, wie von
Hellas nach Latium.

So seien denn hier aufgeführt:[1])

Acheruns II 178.	Alixenter ⎫ II 367 (375).
Aciles.	Ateleta ⎭
Acume II 131.	Autumedo II 130.
Aesculapius II 141.	Bruges ⎫ I 126 f.
Aiax I 126 f.	Burrus ⎭
Aisclapi (vg. Aesculapius)I 82.	Calidorus.
Alcumaco ⎫ II 131.	Cassantra (Quinct. I, 4, 16).
Alcumena ⎭	Cassentera II 367 (375).
Alexanter.	Clutemestra.

aus Κασάνδρη. Daß ‚arvina' dagegen, der Speck, als ἀρβίνη in das
sicilische Griechisch Eingang gefunden haben mag, wollen wir
nicht bezweifeln; im übrigen vgl. hierüber Verf. Lehnw. p. 12 ff.,
wo auch noch die von Mommsen irrtümlich für entlehnt gehaltenen
Wörter scutum (aus σκῦτος) und modius (aus μέδιμνος!) zurück-
gewiesen werden. Neuerdings hat der oben schon erwähnte M.
Ruge, in seinen Bemerkungen z. d. gr. Lehnw. i. Lat. 20, die Entlehnung von scutum doch wieder für äußerst wahrscheinlich erklärt; das Citat, auf welches er sich hauptsächlich stützt (Guhl
u. Koner, Leb. d. Gr. u. R., 753), beweist höchstens, daß, was den
Schild scutum — anlangt, derselbe wohl der Sache nach, nicht
aber dem Worte nach entlehnt zu sein scheint; vgl. Verf. Recens.
in der Philol. Rundsch. 1881, No. 22, S. 714.

1) Die beigefügten Belege beziehen sich auf Corssens Vokal-
ismus, den wir so lange als Hauptquelle bedeutender Forschung
ansehen müssen, bis Birts lange angekündigte Lautlehre der lateinischen Sprache, welche sich unter der Ägide Büchelers zu erfreuen hat,
das Licht der Welt erblickt haben wird; ob es richtig war, mit
dem Tode Corssens auch sein System preiszugeben, wird sich dann
erst entscheiden lassen.

Culcidis II 152.
Demipho.
Dionusidorus.
Eurudica.
Hecoba (II 83. 133.
Hecuba (
Hiluricus.
Lemniselene II 319.
Menolavi II 76.
Olumpicus.
Patricoles II 77 f.

Pilumina) II 256 f. 264 f. 270.
Procina)
Pseudolus) II 73 f. 143.
Pseudulus)
Pulixena II 142.
Saguntum.
Seuxis.
Storax II 81. 83.
Surus.
Tecumessa II 131.
Ulixes I 126 f.

Welch eine Fülle von Thatsachen drücken diese Namen aus! Während die allerälteste Zeit nur Spuren der Verehrung griechischer Gottheiten und Helden, des Hercules, Castor und Pollux und des Apollo, aufzuweisen vermag, die geographische Umschau auch nur eine sehr enge bleibt, besitzt diese zweite Epoche schon einen bedeutend erweiterten Horizont. Aesculapius[1]), der Gott der Heilkunde, tritt auf, um die schreckliche Pest abzuwehren, aber auch die Verehrung des Handelsgottes Mercurius erscheint von Haus aus durch griechische Vorstellungen bedingt und selbst sein Jahresfest darum auf die Iden des Mai gelegt zu sein, weil die hellenischen Dichter ihn feierten als den Sohn der schönen Maia.

Reicher öffnet sich das unerschöpfliche Füllhorn griechischer Sagen und Mythen: vom trojanischen Kriege erzählen Aiax (dessen Gattin Tecumessa das Lagerleben teilt) und Ulixes, der gewaltige Acilos mit seinem Freunde Patricoles und seinem Kampfgenossen und Wagenlenker Autumedo, auf troischer

---

1) Das Genauere über Aesculapius s. in dem Abschnitt über Götterverehrung in einem späteren Hefte.

Seite die Königin **Hecuba** (Hecoba) und ihre ebenso unglückliche als schöne Tochter **Cassantra** (Cassentera), der sich (nachhomerisch) **Pulixena** anreiht. Der **Olumpicus** verkündet laut die herrlichen Siege, während **Eurudica** und noch mehr der **Acheruns** die finstere Unterwelt dräuend nennen. Vom **Ödipus** erzählt uns der Held **Alcumaeo**; **Alcumena** folgt, die Mutter des großen Heroen, ihrem Sohne nach, wie **Pacuvius** und **Accius** schon den **Tundareus**, den Vater des **Castor** und **Pollux**, erwähnen. Von der spröden **Ateleta** und der jäh verwandelten **Procina** ergötzt es die staunenden Latiner[1]), ein Märchen zu hören, während Schauder sie vor der arglistigen **Clutemestra** ergreift; aber auch die wirkliche Kunde von fernen Landen her fesselt ihr Ohr.

Mit den Sagen und Mythen wandern die Namen der griechischen Landschaften ein; in jener Zeit hörten die Römer zuerst von **Elis** und den **Acarnanes**, die **Dores** wurden ihnen bekannt und zugleich ihre Stadt **Lacedaemon**, deren Heldenweiber, die **Lacaenae**, so recht nach römischem Sinne waren. Von **Delphi** war schon früher die Kunde nach Westen gedrungen, denn längst verehrte man ja den **Apollo**. Ennius spricht von dem **bos Cyprius** (Paul. Diac. p. 59, 4), sein Heimatland selbst nennt er aber im Sinne der Griechen **Hesperia**; nach Afrika weist der **Carchedonius** in den Komödien des P. Syrus, freilich sichtlich mit dem Stempel der griechischen Vermittelung, während Plautus demselben Karthager die Benennung **Migdilybs** zu teil werden läßt. Mit dem fernwohnenden **Surus** werden die großen Thaten

---

1) Wenn überhaupt entlehnt, so muß spätestens um diese Zeit das Wort für das Lachen aus voller Kehle, das laute und ausgelassene Gelächter ‚cachinnus‘ aus καγχασμός verderbt worden sein, obgleich es nicht früher als bei Lucretius nachweisbar erscheint.

den kühnen Makedonierfürsten bald bekannt; der Name
Alexanter dringt als Alixenter¹) bis nach Praeneste.
Schon treten die Bewohner Latiums in nähere Beziehung zum Hiluricus an der Adria sowie zu den
Bruges im fernen Asien, und Ennius²) erzählt von
Ripaeis montibus, wo Skythen hausen, während Burrus,
sich selbst ein zweiter Alexander dünkend, zuerst mit
seinen Elephanten schreckt und siegt.

Nach Westen hin dringt mit Saguntum die Kunde
von dem neuangelegten Ζάκυνθος, während der Name des
Landes Culcidis die erste Kunde vom Kaukasus mitbringt.

Aber schon schafft sich von Osten her der Maler
Seuxis, der zum Weichen und Üppigen hinneigenden
ionischen Richtung angehörend, durch seine ideale Helena
im Tempel der Hera Lakinia und durch seine keusche
Penelope einen bis nach Latium dringenden Ruf. Und
schon kommen griechische Kriegsgefangene nach Rom,
wie die Namen Calidorus und Storax, die weiblichen
Acume und Pilumina beweisen, wenn auch die Sitte,
die eigenen Sklaven griechisch zu benennen oder gar sich
selbst einen griechischen Beinamen beizulegen, vorläufig
noch nicht aufkommt.

Noch zahlreicher sind die Appellativa, welche in
dieser Epoche ihre Aufnahme finden.

Bereits ist es dem Römer nicht mehr einerlei, ob
der Fremdling an seiner Küste den attischen Dialekt,
(atticissare [Corss. I 295 f.], zuerst bei Plautus [Men.
prol. 8]) oder ob er den sicilisch-dorischen (sicilissare, Plaut.³) ibid.) redet. Derselbe bringt über den

---

1. CIL. I 1501 neben Alixentrom auf einem Bronzespiegel
CIL. 9t.   2. Sat. 44.
3) Dieser leidet sogar ein Graecissare, Men. prol. 7.

Oceanus (Enn.¹) a. 418) seine würfelförmige Marke, tessera ([Corss. II 200] Plaut. Cist. 227. Poe. 947. 1034. 1040. Ter. Ad. 739), als Zeichen der Gastfreundschaft mit; seine fremde — exoticus (Plaut. Men. 236. Most. 42, exoticum Epid. 224) — Barschaft löst ihm der Wechsler — tarpezita ([Corss. II 246] Plaut. As. 438. Capt. 193. 449. Curc. 341. 345. 406. 420. 559. 618. 712. 721. Epid. 138. Pseud. 757. Trin. 425) — ein, während es auch wohl schon damals nicht an dem Ränkeschmied — sucophanta (Plaut. Amph. 507. Curc. 463, Men. 260. 283. 1087. Poen. 363. 645. 1021. Pseud. 1197. Trin. 815. 860. 892. 958. 1139. Ter. Andr. 815. 919. Heaut. Tim. 38) — mangelt, den schließlich das Schicksal in die bösen ‚Steinbrüche' — lautumias (vgl. oben. [Corss. II 130 f.], Plaut. Capt. 723. Poe. 817) —, das römische Staatsgefängnis führt, auch wenn er noch keinen Mord auf dem Gewissen hat, vgl. strangulo ²) (erwürge, erdrossele, ersticke, überhaupt würge, aus στραγγαλόω [στραγγαλίζω], belegbar kaum vor Cael. ap. Cic. fam. 8, 15 fin., vgl. Cic. fam. 9, 22, 4).

Sehen wir so eine Anzahl von Wörtern allgemeineren Begriffes auftauchen, so lassen sich die hier noch zu nennenden, wenn wir vorläufig bei dieser kurzen³) Skiz-

---

1) Derselbe Ennius und Accius benennen das Meer auch schon mit pontus (z. B. Acc. trag. 399); freilich ist dies Wort ausschließlich poetisch geblieben.
2) Curt. Gr. 380. — Id. Verb. I 330. — Id. Stud. 5, 61. — Corss. II 143. 815. — Van. Wb. 1150. — Fick Wb. 411. Id. vgl. Wb. III 142. 827. IV 277. — Id. Sprucheinh. 384. — Död. Syn. VI 359. — Id. Hdb. 179. — Schneider Elementarl. I 11. — Ramshorn Syn. 20. 8. 504. — Kuhns Ztschr. 4, 339. 20, 25. - Zehetm. Wb. 436. — Schuch. Vulgärl. 3, 88. 231. — Verf. gr. Lehnw. 25. — Vgl. auch Schmitz Not. Bern. Ind. strangulat SGLat 19, 99.
3) Eine methodische, rein sachlich geordnete und übersichtlich gegliederte Sonderung wird weiterhin bei den einzelnen Gebieten erfolgen; hier kommt es vor allem nur darauf an, einen maßgebenden Überblick zu gewinnen, bei welchem die schlagendsten notae rerum bevorzugt worden sind.

zierung rein alphabetisch ordnen, etwa folgendermaßen gruppieren.¹)

I. Bäder.

1. balineum oder balinea, βαλανεῖον, das Bad. Plaut. Tri. 406. Per. 90. Poe. 955. Cacc. St. 98. Ter. Phor. 339.
balineae, Plaut. As. 357. Merc. 126. Most. 756. Rud. 383.
balineator Plaut. Poe. 694. Truc. 2,3,4. Rud. 527.
2. malacus, μαλακός, weich, zart, weichlich, üppig. Naev. tr. 48. Plaut. Ba. 71. 355. Mil. 668. 687. Stich. 230. Truc. 2, 7, 48. Enn. Sot. 1. p. 164. V.
malaculus Plaut. Cas. 703.
malacissare, μαλακίζειν, geschmeidig machen. Plaut. Ba. 73.

Hiermit steht wohl im Zusammenhange
3. spatula, σπατάλη, Wollust, Schwelgerei, Varr. sat. Men. 275. (Riese spatule).

II. Baukunst.

1. camera, καμάρα, die gewölbte Decke, Varr. r. r. 1,59, 2. 3, 7, 3. 3, 8, 1.

III. Erziehung.

5. gymnasium (guminasium), γυμνάσιον, der Turn- und Tummelplatz, Plaut. Amph. 1012. As. 297. Aul. 405. Ba. 427. Epid. 190.
gymnasticus, γυμναστικός, gymnastisch, Plaut. Rud. 296. — Id. Most. 151 hat Ritschl als un- echt bezeichnet, daher von Lorenz weggelassen.

¹) Verf. bezieht sich hier auf eine ziemlich erschöpfende Sammlung der einschlägigen sprachwissenschaftlichen und kultur- geschichtlichen Litteratur, wie er sie in seinem Index etc. fast allen der folgenden Wörter beigegeben hat; was nach 1874 dar- über erschienen ist, ist oben bereits erwähnt worden.

IV. Geräte.

6. canistrum, κάναστρον, das Rohrkörbchen, Varr. l.
L. 5, 120.
7. pessulus, πάσσαλος, der Thürriegel, Plaut. Aul.
104. Cist. 371. Curc. 147 (doppelt). 153. 157. Truc. 2,
3, 30. Ter. Eun. 603. Heaut. Tim. 278.

V. Kleidung.

8. paenula, φαινόλης, rundes geschlossenes Kleid.
Plaut. Most. 991 (4, 2, 74).
9. petasus, πέτασος, Reisehut mit steifem Rande zum
Schutze vor der Sonne, Plaut. Amph. 143. 145. 494.
Pseud. 735. 1186.
   petasatus, Varr. sat. Men. 410.
10. phalerae, φάλαρα, Stirn- und Brustschmuck, von
Frauen getragen, Publ. Syr. 12 Ribb.
    phaleratus, Ter. Ph. 500.
11. zona (sona), ζώνη, der Gürtel, Plaut. Curc. 220
(2, 1, 5). Merc. 925. Per. 155. Truc. 5, 1, 62.
    zonatim Lucil. sat. 6, 16.
    zonula Catull. 61, 53.
    zonarius (sonarius) bedeutet bei Plaut. Tri.
862 R. (4, 2, 20 Brix) den Beutelabschneider.

Hierher könnte auch füglich gerechnet werden:
12. myropola, μυροπώλης, der Parfümeriehändler, Plaut.
Tri. 408 R. (2, 4, 7).
    muropola Naev. com. ap. Fulg. exp. serm. ant.
p. 566, 17 ed. Merc., Plaut. Cas. 2, 3, 10 sq.
(123. 135). Tri. 408 F.
    myropolium, μυροπώλιον, Plaut. Amph. 1011
F. (4, 1, 3). Epid. 2, 2, 15 (191).

VI. Krankheiten.
13. glaucuma, γλαύκωμα, der Star, bildl. bei Plaut. Mil. 148 R. (2, 1, 70).

VII. Küche und Keller.
14. comissari. κωμάζειν. lustschwärmen, Plaut. Most. 317. 335. 989. Per. 568. Rud. 1422. Stich. 686. 775. Ter. Eun. 442. Afr. 107.
 comissator Ter. Ad. 783 (5, 2, 8).
15. conger, γόγγρος, der Meeraal, Plaut. Au. 2,9,2. Mil. 760 R. (3, 1, 165). Po. 110 R. (1, 3, 30). gongrum (gungrum) Ter. Ad. 377 (3, 3, 23).
16. lepista. λεπάστη (λεπαστή), der Trinknapf, Naev. b. Pun. 18 (Klußmann p. 47: lepistae Graecis λεπάστιαι dicuntur).
17. lopas, λοπάς, die Napfschnecke, Plaut. Cas. 389 (2, 8, 39) [?]. Rud. 297 F. (2, 1, 8). Par. pig. fr. 3. p. 440. vgl. Non. 551, 5.
18. siser. σίσαρον, die Zuckerwurzel, Möhre (Sium Sisarum seu Daucus Carota L.), Varr. l. L. 8, 48.
19. thermipolium, θερμοπώλιον. das Schenkhaus, Plaut. Curc. 292 F. (2, 2, 13). Pseud. 742 R. (2, 4, 52). Tri. 1013 R. (4, 3, 6).
 thermopolium, Rud. 529 F. (2, 6, 45). Tri. 1013 F.
 thermopotare *θερμοποτεῖν Plaut. Tri. 1014 R. (4, 3, 7).
20. trugonus (trygon). τρυγών, der Stachelroche (Raia pastinaca, L.), Plaut. Capt. 851 F. (4, 2, 71).
21. fungus, σπόγγος (σπογγιά), σφόγγος, der eßbare Pilz, ist schon bei Plaut. übertragen = dummer Mensch. Ba. 1088 R. (5, 1, 4) vgl. 283. 821 (2, 3, 49). (4, 7, 23). als Erdschwamm, Pilz, Morchel, Plaut. Stich. 773, funginus, Plaut. Tri. 851 R. (4, 2, 9).

VIII. Landwirtschaft.

22. amurca, *ἀμόργη*, der Ölschaum, Cato r. r. 36. 64.
2. 66, 1, 2 (doppelt). 67, 2. 69, 1 (dopp.). 2. 91 (dopp.)
92 (dopp.) 93. 95, 1. 2. 96, 1. 97. 98, 1. 99. 100. 101
(dopp.). 103. 128. 129. 130.
   amurcarius, Cato r. r. 10, 4.
Vielleicht gehört hierher auch
23. badissare, *βαδίζειν*, traben, vom Pferde entlehnt,
Plaut. As. 706 F. (3, 3, 116).

IX. Litteratur.

24. comoedia, *κωμῳδία*, das Lustspiel, Plaut. Amph.
870. 988. Capt. 1033. Cist. 512. Most. 1152. Poe. 1355.
Pseud. 1081. 1240. Trin. 706. Ter. Ad. 6. Andr. 26.
Heaut. Tim. 4. Hec. 866. Titin. 81.
   comoedice, Plaut. Mil. 213.
   comoedia kommt außerdem in folgenden plautinischen Prologen vor: Amph. 55. 60. 88. 96.
As. 13. Cas. 9. 13. 30. 31. 64. 83. Men. 9. Merc. 12.
Mil. 84. 86. Poe. 51. 53. Truc. 11.
   comicus, *κωμικός*, der im Lustspiel wirkende
Schauspieler, nur im Plural, Plaut. Per. 465.
Poe. 572. Rud. 1249.
   adjektivisch: Plaut. Capt. prol. 61. — 778. Poe.
588. Caec. St. 243.
   tragoedia, Plaut. *τραγῳδία*, das Trauerspiel,
Amph. prol. 41. 51. 52. 54. 93. Capt. prol. 62. Curc.
591. Poe. prol. 2.
   tragoedi (?), Plaut. Poe. 572 Gepp. mit Camer.
   tragicus, *τραγικός*, der im Trauerspiel wirkende
Schauspieler, nur im Plural, Plaut. Per. 465.
   adjektivisch: Valer. 1.
   tragicomoedia, *τραγικωμῳδία*, das tragische Lust-

spiel, Plaut. Amph. prol. 59. 63 F. (andere: tragicocömoedia).

25. epistula, ἐπιστολή, der Brief als Zuschrift, Plaut. As. 761. 762. Ba. 176. 561. 1001. Epid. 57. 129. 246. Mil. 1225. Per. 694. Poe. 826. Pseud. 647. 670. 690. 716. 983. 987. 990. 993. 997. 998. 1001. 1008. 1011. 1097. 1202. 1203. 1209. Trin. 774. 788. 816. 848. 874. 894. 896. 898. 949. 951. 986. 1002. Truc. 2, 4, 43. Ter. Ph. 67. 149. Turp. 196. Cato or. p. 39, 11.

X. Schiffahrt.

26. scopulus, σκόπελος, Klippe, Felsen, schon im übertragenen Sinne bei Enn. a. 223. Ter. Ph. 689.
27. scutula, σκυτάλη, belegt freilich erst bei Caes. b. c. 3, 40, doch sicherlich schon früh entlehnt.
28. tec(h)ina, τέχνη, der Rank, Kunstgriff, völlig vorklassisch, daher auch schon übertr. bei Plaut. Ba. 392. Capt. 642. Most. 550. Poe. 807. Ter. Eun. 718. Heaut. Tim. 471.

contec(h)inari, Plaut. Pseud. 1096.

Der techina haben sich die Latiner wohl ebensogut als der machina, — μαχανά (dor.,=att. μηχανή), Plaut. Ba. 232. Mil. 813. Per. 785. Pseud. 550. Pac. 379. Caec. St. 207.

machinari, Plaut. Ba. 232. Capt. 723. Cas. 174. 197. —

bedient, als sie nach dem Muster der Griechen den starken Arm der Maschine anwendeten, wo sie ihre eigene Körperkraft nicht mehr ausreichen sahen: die List des Menschen der Natur gegenüber. Diese Reflexion veranlaßte uns denn auch, grade bei der Schiffahrt diese Wörter aufzunehmen.

Diese kurze Aufstellung möge hier genügen; sie durfte, wollte sie späteren Teilen nichts vorwegnehmen, nicht ausführlicher und erschöpfender sein.

Bisher sahen wir, daß aller hellenische Einfluß sich von Osten her Bahn gebrochen hatte, teils direkt, teils auf dem Wege über Großgriechenland und die sicilischen Städte; es bleibt noch übrig, eine der bedeutendsten Städte der alten Welt im Westen Roms zu erwähnen, deren griechische Verfassung, Sitte, Kunst und Wissenschaft schon lange einflußreich auch auf Rom gewirkt hatte. *Μασσαλία* ist es, die im 6. Jahrhundert von Phokäern gegründete Kolonie an der Küste der Ligurier in Gallien, im Osten der drei Rhodanusmündungen, deren östlichste die massaliotische hieß. Während nun die italischen und sicilischen Griechen in der Zeit der Kämpfe Roms gegen Italien eine schwankende Politik innehielten, nach jeder Niederlage der Römer aber, sowie später im hannibalischen Kriege [1]) auf Seite ihrer Gegner traten, bestand mit Massilia das alte enge Freundschaftsverhältnis ununterbrochen fort, wie dies folgende Züge beleuchten.[2]) Das nach Vejis Eroberung von Rom nach Delphi gesandte Weihgeschenk ward daselbst im Schatzhaus der Massalioten aufbewahrt. Nach der Einnahme Roms durch die Kelten ward in Massilia für die Abgebrannten gesammelt, wobei die Stadtkasse voranging; zur Vergeltung gewährte dann der römische Senat den massaliotischen Kaufleuten Handelsbegünstigungen und räumte bei der Feier der Spiele auf dem Markte neben der Senatorentribüne den Massalioten einen Ehrenplatz ein. Es ist dies die auch sprachlich merkwürdige graecostasis [3]), welche an der sacra via lag: eine offene Halle, die erst später von den übrigen Griechen und fremden Gesandten benutzt wurde, wenn sie ihre Einführung in den Senat erwarteten. —

1) Momms. r. Gesch. I 606 f.   2) Momms. r. G. I 416. —
3) Momms. r. G. I 452.

So vollzieht sich mit langsamem, aber sicherem Fortschritt der interessante Vorgang in der Kulturgeschichte, daß der griechische Einfluß in Rom immer gesteigert wirkt. Wir werden später im einzelnen zu verfolgen haben, wie sich allmählich die Assimilation und Aneignung der Formen des hellenischen Geistes vollzieht, eine Thatsache von unberechenbarer Wichtigkeit: denn nur diesem Umstand verdanken wir die Erhaltung und Rettung der für alle Zeiten mustergültigen Schöpfungen Griechenlands in Sprache, Kunst und Wissenschaft. —

Wir sind hiermit an der Grenze angelangt; die Gesamtepoche der naiven und zurechtbiegenden Aufnahme hat ihr Ende erreicht. Bald beginnt einerseits die sich ausbildende Schriftsprache gegen die griechischen Fremdlinge eine aus gelehrter Reflexion stammende zarte Schonung zu üben, andrerseits bringt die Eroberung Griechenlands sowie die Aufnahme der heimatlos gewordenen Griechen eine Fülle von Kulturelementen mit sich. Hatte bisher die lateinische Sprache die Wortbiegung der aufgenommenen griechischen Wörter nach ihren Lautgesetzen und Gewöhnungen gestaltet, indem sie an die Stelle der griechischen Kasusendungen die lateinischen setzte, oft auch die griechischen Nominalstämme nach dem Muster lateinischer umwandelte und so flektierte, in nur ganz seltenen Ausnahmen aber die griechischen Kasusformen beibehielt [1]), so beginnt mit dem Dichter Accius eine neue Behandlung griechischer Wörter im Lateinischen, zunächst ein Schwanken zwischen griechischer und lateinischer Gestaltung der Flexions-

---

1) Corss. Vok. II 816 f.

formen.¹) Die Neigung, die griechischen Formen so auszusprechen, wie sie in ihrer Muttersprache gesprochen wurden, zeigt sich entschieden darin, daß seit dem Zeitalter des Cimbernkrieges die griechischen Aspiraten durch ph, ch, th in lateinischer Schrift ausgedrückt, bald darauf auch die griechischen Buchstaben Y und Z in das lateinische Alphabet eingeführt wurden.

Zwei der bedeutendsten Schriftsteller dieser Zeit vertreten hierbei nun einen völlig entgegengesetzten Standpunkt, Varro und Cicero. Letzterer vertritt noch gewissermaßen die konservative Richtung, indem er dem älteren Sprachgebrauch folgend meistenteils die lateinischen Kasusendungen der griechischen Wörter beibehält. Hören wir ihn selber (or. 48, 160):

„Quin ego ipse, cum scirem ita maiores locutos esse, ut nusquam nisi in vocali aspiratione uterentur, loquebar sic, ut ‚pulcros‘, Cetegos, triumpos, Kartaginem‘ dicerem; aliquando, idque sero, convicio aurium cum extorta mihi veritas esset, usum loquendi populo concessi, scientiam mihi reservavi; ‚Orcivios‘ tamen et Matones, Otones, Caepiones, sepulcra, coronas, lacrimas‘ dicimus, quia per aurium iudicium licet.

---

1) Varro l. L. 10, 70. M.: „Accius haec in tragoediis largius a prisca consuetudine movere coepit et ad formas Graecas verborum magis revocare." —

Corssen hat die Bestätigung hierfür aufgesucht in den Formen

    Cit(h)aeron Trag. Ribb. Ind.
    dracontis   „   „   „
    Hoctora   Varro l. L. 10, 70.
    Laertiade Trag. Ribb. Ind.
    Laomedon   „   „   „
    Oresten   „   „   „
    Pari u. Dyspari „   „
    Triton   „   „   „

Daneben finden sich freilich auch die lateinisch umgebildeten Kasusformen.

‚Burrum' semper Ennius, numquam ‚Pyrrhum';
‚vi patefecerunt Bruges', non ‚Phryges'; ipsius
antiqui declarant libri: nec enim Graecam
litteram adhibebant, nunc autem etiam
duas, et cum Brugum et Brugibus dicendum
esset, absurdum erat aut eam in barbaris casibus
adhibere aut recto casu solum Graece loqui,
tamen et ‚Phryges' et ‚Pyrrhum' aurium causa
dicimus."
und derselbe Gewährsmann äußert sich, ep. Att. 7, 3, 10:
„Venio ad Piraeea, in quo magis reprehenden-
dus sum, quod homo Romanus Piraeea scripserim,
non Piraeum — sic enim omnes nostri locuti
sunt &c."
Damit ist dann noch die Stelle bei Priscian 7, 8 H. zu
vergleichen:

„. . . . . . . hoc et ex aliis possumus conicere,
quae quamvis Graece proferantur, scripturae
tamen Latinae rationem servant, ut Vergilius
in bucolico:

Orphi Calliopea, Lino formosus Apollo.

Nam cum sit dativus Graecus pro a diphthongo,
i longam habuit more scripturae nostrae. Illud
miror, quod Iuvenalis ‚Calpe' ablativum cor-
ripuit, cum sit simile hoc nomen ‚Penelope',
‚Arachne', ‚Calliope', quorum ablativus numquam
in e correptam terminat. Lucanus in I:

Tethys maioribus undis
Hesperiam Calpen summumque implevit Atlanta.

Iuvenalis in V:

nec Carpathium Gaetulaque tantum
Aequora transiliet, sed longe Calpe relicta
Audiet Herculeo stridentem gurgite solem.

Der Fortschrittler auf diesem sprachlichen Gebiete ist, wie schon erwähnt, niemand anders als der Encyklopädist Varro selbst, der so entschieden den griechischen Formen den Vorzug giebt, daß Plinius von ihm sagen kann (Char. I. p. 53 K.):
„quam maxime vicina Graeco Graeca dixit, ut nec ‚schematis‘ quidam dicat sed ‚schemasin‘.

Ist es nun glaublich, daß die Autorität dieses berühmten Grammatikers nicht wenig zur Förderung des Gebrauchs griechischer Wortformen beigetragen hat, so ist es schließlich dem Einfluß der Dichter der augusteischen Periode zuzuschreiben, wenn schon in der gleichzeitigen und noch mehr in der spätern Prosa, namentlich bei Plinius, die griechischen Formen

der Genitive auf —ιος, —εως,
der Accusative auf —ην, —α, —ειι,
des Genitivs Plur. auf —ων

sich eingebürgert haben, da diese Dichter es sind, welche in dem Gebrauch

der Genitive auf —ης, —ος, —ιος, —εως, —ιος, —οις,
des Dativs auf —ει,
der Accusative auf —α, εα, —αν, —ην, —ον, —ιν, —ιν,
des Vokativs auf —ι,
des Nominativs Plur. auf —ες,

ihren griechischen Mustern oder dem eigenen metrischen Bedürfnis folgen.

Dem gegenüber ist aber festzuhalten, daß die lateinische Volkssprache nie aufgehört hat, sich griechische Wortformen mundgerecht zu gestalten; ein Prozeß, der nach Jahrhunderte währendem Fortgang schließlich die romanischen Sprachen zeitigte. Wir brauchen die

Schwierigkeit hier nicht mehr zu betonen, welche bei der Frage entsteht, ob ein Wort der volkstümlichen oder der gelehrten Sprache angehört, ob es mit anderen Worten wirkliches Lehnwort geworden, welches die Sprache nicht mehr zu entbehren vermag, oder ob es bloßes Fremdwort geblieben ist, welches nie anders als bei der Gelehrtenwelt bekannt werden konnte. Freilich gab es noch eine Zeit, welche sich energisch sträubte, griechischem Einflusse zu gehorchen und die Überlegenheit des griechischen Geistes auf dem Gebiete der Kunst und Litteratur anzuerkennen. Das war zur Zeit des Pyrrhus, wo „in dem Triebsande religiösen Zweifels und politischer Mattherzigkeit auch die Kunst von ihrer nie wieder erreichten Höhe herabsank, während ein geist- und gemütloser Pragmatismus die durch alle Zeiten glänzenden Lichtgestalten des Olympos in Gräber und Moder herabzuzerren trachtete. Wahrlich ein Mann, der die Folgen der Berührung beider Völker einzig und allein nach dem Barometerstande sittlicher Tüchtigkeit maß, konnte nicht umhin für den Charakter der Römer zu fürchten, und die Erfahrung bewies, daß Cato vollkommen recht gehabt". [1])

Aber seien wir gerecht: nicht die Einbürgerung einer Menge griechischer Wörter, nicht der Einfluß auf die älteste Verfassung (die Servische hat viel Ähnlichkeit mit der Solonischen), nicht die Nachahmung auf dem edlen Kunstgebiet hat schädlich und zersetzend gewirkt — konnte doch Cato bei dem Standpunkte damaliger Wissenschaft nicht einmal ahnen, daß das Alphabet selbst, das er als stolzer Römer gebrauchte, aus Cumae von den Griechen gekommen war —, nein, erst seit der Übernahme zur Entartung neigender philosophischer

---

1) Ambrosch. Studien und Andeutungen I 62.

Systeme, welche die römische Staatsreligion zerfraßen, seit dem Zusammenfluß lungernder und speichelleckender Griechlein in Rom, seit der Bekanntschaft der Römer mit den seichteren griechischen Geistesprodukten datiert die Gefahr für das nationale Bewußtsein der Römer. Schrieb doch selbst der von griechischer Wissenschaft so tief durchdrungene Cicero an seinen Bruder Quintus vertraulich, man müsse sich sorgfältig vor dem vertrauten Umgange mit Griechen hüten, sehr wenige Leute ausgenommen, die des alten Griechenlands würdig seien.

Gleichwohl blieb auch dem alten Starrkopf Cato nichts übrig, als in hohen Jahren noch die ‚überseeische und ausländische Wissenschaft der Griechen' zu erlernen, wenn er auch bei Plinius[1]) (29,7) von ihr an seinen Sohn schreibt:

„Hoc puta vatem dixisse: quandocunque ista gens suas litteras dabit, omnia corrumpet."

So dachte ein echter Römer, welcher den bedenklichen Einwanderern gegenüber die nationale Opposition für unerläßlich hielt. Was hätte er wohl gesagt, wenn seine Augen das Leben zur Kaiserzeit erblickt hätten, wo Griechen unentbehrliche Gesellschafter der Fürsten geworden waren und fast kein Amt[2]) mehr vor ihrer Zudringlichkeit sicher blieb!

Die genauere Betrachtung dieser Zeiten liegt aber außerhalb des eigentlichen Rahmens unserer Untersuchung; die Griechen zur Kaiserzeit haben einen

---

1) Plut. Cat. mai. 23: ὡς ἀποβαλοῦσι ῾Ρωμαῖοι τὰ πράγματα γραμμάτων ἑλληνικῶν ἀναπλησθέντες.
2) Friedl. Sitteng. I³ 65 ff. 68. [Iuv. 3, 57—114; 10, 174. Cic. Qu. fr. 1, 5, 16. Tac. a. 5, 10. Plin. 26, 15.] 84. 94 ff. 98. 127. 168. 183. 192.

Kultureinfluß deshalb nicht mehr ausüben können, weil sie, schon lange ihrer nationalen Selbständigkeit beraubt, selbst ganz in dem als Centrum des Imperium Romanum zur Welthauptstadt erhobenen Rom aufgegangen waren. Die Götter Griechenlands waren längst beiseite gesetzt worden: Isis und Osiris, Auro Mainyus und Ormuzd, Baal und Astarte waren siegreich eingezogen und hatten die aufgelösten religiösen Gefühle noch kurze Zeit zu fesseln vermocht, ehe der morsche Bau in sich selbst zerfiel. —

Von demselben Verfasser erschien früher:

De Graecis vocabulis in linguam Latinam translatis
scripsit Dr. G. A. E. A. Saalfeld. Dissertatio inauguralis. Lipsiae, a. MDCCCLXXIV. Typis expresserunt Ferber & Seydel.

Im Verlage von F. Berggold, Berlin W.,
Linkstraße 10:
Index Graecorum vocabulorum in linguam Latinam translaterum quaestiunculis auctus. MDCCCLXXIV.
2 M.

Griechische Lehnwörter im Lateinischen. Ergänzungen und Nachträge zum Index &c. 1877.
1,60 M.

Im Verlage der Hahn'schen Buchhandlung,
Hannover:

C. **Julius Cäsar, sein Verfahren gegen die gallischen Stämme** vom Standpunkte der Ethik und Politik, unter Zugrundelegung seiner Kommentarien und der Biographie des Sueton. 1881.
0,80 M.

ITALOGRAECA.

Kulturgeschichtliche Studien

auf

sprachwissenschaftlicher Grundlage

von

Dr. G. A. Saalfeld.

II. HEFT:

Handel und Wandel der Römer, im Lichte der griechischen Beeinflussung betrachtet.

Hannover.
Hahnsche Buchhandlung.
1882.

Handel und Wandel

der

Römer,

im Lichte der griechischen Beeinflussung

betrachtet.

Kulturgeschichtlich-
sprachwissenschaftliche Abhandlung

von

Dr. G. A. Saalfeld.

Hannover.
Hahnsche Buchhandlung.
1882.

Hofbuchdruckerei der Gebr. Jänecke in Hannover.

Sr. Excellenz

dem Staatssekretär des Reichspostamts

Herrn Dr. Stephan,

dem

Meister und Reformator

im

Post- und Telegraphenwesen,

dem

Förderer des Handels und Wandels

im 19. Jahrhundert,

in aufrichtiger Verehrung

dargebracht

vom

Verfasser.

Vorwort.

Als Verfasser das I. Heft seiner *Italograeca* in die Welt sandte, begnügte er sich mit einer kurzen Anmerkung an Stelle einer Vorrede; auch heute faßt er sich kurz.

Doch hat er zunächst für das freundliche Entgegenkommen zu danken, mit welchem ihm die einsichtige Kritik begegnet ist, so der Recensent —r in der Bremer Philologischen Rundschau 1882, Nr. 14, F. Bender in dem Magazin für die Litteratur des In- und Auslandes 1882, Nr. 12, O. Keller in Bursians Jahresbericht (Naturgeschichte) Band 28, 59 und der Nestor und Altmeister der Lexikographie, K. E. Georges in Bursians Jahresbericht über lateinische Lexikographie für 1881 und 1882.

Auch freut sich Verfasser an dieser Stelle seines lieben Freundes Weise, des Herausgebers der preisgekrönten Schrift: 'Die griechischen Wörter im Latein, 1882', gedenken zu können, da derselbe sich mehrfach auf demselben Gebiete, wie Verfasser selbst, bewegt. Verfasser hat, da das Manuskript des vorliegenden Heftes schon vor 2½ Jahren fertig war, nur in den Anmerkungen auf dieses treffliche Werk des genannten Gelehrten verweisen können; wie ein durchweg anerkennendes Urteil über dieses aber genauer motiviert ist, möge der freundliche Leser an anderer Stelle nachschlagen (Zarnckes Litt. Centralbl. 1882, Nr. 23; Bremer Philol. Rundsch. 1882, Nr. 37; Bezzenbergers Beiträge, Jahrg. 1882).

Verfasser hofft mit der Zeit eine Schilderung der gesamten Einwirkungen, welche das Hellenentum auf das Römertum besessen hat, in diesen zwanglosen Heften herausgeben zu können und wird sich, wie er verdiente Anerkennung nicht ablehnt, auch verdienten Ausstellungen nicht entziehen, dieselben vielmehr, wie auch in diesem Hefte bemerkbar, dankbar benutzen.

Sollte jedoch philologisches Unfehlbarkeitsgelüste ihm ironisch zu Leibe gehen wollen und ihn mit unver- dienter Spöttelei tot zu machen suchen, wie dies allerdings nur von einem Journal beliebt worden ist, das einer sachlichen Entgegnung die Spalten verschloß, so beruhigt sich Verfasser und gleich ihm hoffentlich der freundliche Leser mit den Worten des Dichters:

<blockquote>Cum tua non edas, carpis mea carmina, Laeli:
Carpere vel noli nostra vel ede tua!</blockquote>

Holzminden, im September 1882.

Inhalt.

Seite

Vorwort.
- I. Schiffahrt . . . . 11—42
- II. Handel . . . . 43—54
  - Exkurs: das Reisen . . . . 55—61
- III. Maß und Münze . . . . 62—78
  - A. Das Maß . . . . 62—68
  - B. Die Münze . . . . 69—78

Kapitel I.

Schiffahrt.

Illi robur et aes triplex
Circa pectus erat, qui fragilem truci
Commisit pelago ratem
Primus nec timuit praecipitem Africum
Decertantem Aquilonibus
Nec tristis Hyadas nec rubiem Noti,
Quo non arbiter Hadriae
Maior, tollere seu ponere volt freta.
Hor. carm. I, 4, 9 sqq.

Die Abhänge der Alpen fallen steiler und tiefer im Süden als im Norden herab in die Ebene, und rasch gelangt der Wanderer aus dem Gebiet des ewigen Schnees zu einer immer reicheren, immer prangenderen Vegetation, die ihn am lachenden Gestade der blauen Seen mit unvergleichlichem Laubgrün und zugleich mit Blüten und Früchten entzückt. Die weitgedehnte, vom Po bewässerte Fläche ist wie ein Garten zu schauen. Dann zieht sich vom ligurischen Gestade ostwärts die Kette der Apenninen, um sich südlich zu wenden und die ganze Halbinsel in eine West- und Ostküste zu scheiden und in ihrem Innern mannigfache Bezirke abzusondern, dem Ganzen aber einen vielfältigen Wechsel des rauhen Gebirges, der milden Ebene, der Weide- und Ackerflur, des Binnenlandes und der Küste zu gewähren. Nur durch eine schmale Meerenge getrennt, fügt Sicilien mit gleichem Charakter sich an; denn wie hier der Ätna, so dampft in Italien noch der

Vesuv; vulkanische Höhen sind neben dem Kalkstein der Apenninen emporgestiegen, ausgebrannte Krater das Becken waldbegrenzter Seen geworden. Die Küste ist minder buchtenvoll als die hellenische, und der Mensch wird nicht so von einer Insel zur andern gelockt und zur Schiffahrt gereizt wie im griechischen Meer; Italien hat größere, fruchtbare Flußebenen.¹) —

Wer die Geschichte des römischen Volkes kennt, wem aus der Entwickelung dieses Staates von einer kleinen Ansiedlung zum mächtigsten Weltreich, das die Geschichte aufzuweisen hat, der Charakter des Volkes, das der Träger so großer Ereignisse war, klar geworden ist, für den wird es nicht unverständlich sein, daß eben dieses Volk in industrieller Beziehung eine gegen andere Nationen sehr untergeordnete Stellung einnimmt. Was man über das Bedürfnis des alltäglichen Lebens hinaus noch brauchte, lieferten die italischen Landschaften und, wenn es besondere Kunst erforderte, Etrurien, später Griechenland; diese vollendeteren Erzeugnisse ausländischer Industrie hemmten das Gedeihen der einheimischen Fabrikation. ²)

So haben die Römer, da sie sich erst spät auf die See wagten, auch auf Schiffahrt und Flotten nie einen besonderen Wert gelegt. Über den Betrieb der Schiffbauerei in Italien ist sehr wenig bekannt, während es bei der großen Bedeutung, welche die Schiffahrt als das hauptsächlichste Verkehrsmittel für die Völker des Altertums

---

1) Die Kunst im Zusammenhang der Kulturentwickelung und die Ideale der Menschheit. Von M. Carriere. II. Band. Hellas und Rom in Religion und Weisheit, Dichtung und Kunst. 3. Aufl., 1877, p. 454 f. — Fligiers Schrift „Die Urzeit von Hellas und Italien" (Archiv für Anthropologie. Bd. XIII, H. IV) berührt gerade die Wechselbeziehungen zwischen Hellas und Italien nur ethnologisch und prähistorisch.

2) Die gewerbliche Thätigkeit der Völker des klassischen Altertums von H. Blümner. Gekrönte Preisschrift. 1869, S. 110.

und namentlich für die Griechen gehabt hat, selbstverständlich ist, daß der Schiffbau von den frühesten Zeiten an in allen Seestädten betrieben worden ist und zwar wohl fast immer in einem Umfange, der ziemlich genau der Ausdehnung des Seeverkehres entsprach, welchen die einzelnen Städte hatten. Denn es läßt sich nirgend mit einiger Wahrscheinlichkeit nachweisen, daß man auf fremden Werften Schiffe in größerer Anzahl oder gar gewohnheitsmäßig habe bauen lassen, da man sogar die Rohmaterialien, die man nicht an Ort und Stelle hatte, selbst das Bauholz, dessen weiterer Transport nicht ohne Schwierigkeit war, lieber aus der Ferne bezog, als daß man Schiffe von fremden Schiffbauern kaufte oder von denselben anfertigen ließ.¹) In Italien betrieben seit alter Zeit nur die Tyrrhener und die in Unteritalien und Sicilien ansässigen Griechen lebhafte Schiffahrt;²) die Bewohner von Latium sind erst sehr spät dazu gelangt, vollständig das Meer zu befahren.

Der Hafen von Ostia soll allerdings schon von Ancus Marcius angelegt worden sein³) und diente auch bis zu Augustus' Zeiten der Kriegsflotte; später legte hier Claudius einen großen Handelshafen an und suchte zugleich den Schiffbau durch Aussetzung von Belohnungen zu fördern.⁴) Hier bestand übrigens auch eine Korporation von Schiffbauern, wie uns inschriftlich überliefert worden ist.⁵)

Von Augustus wurden als Hauptstationen der Kriegsflotte Misenum und Ravenna bestimmt und blieben es bis

---

1) Die Hauptstätten des Gewerbfleißes im klassischen Altertume, von R. Herkenrath, 1878, S. 31, 34. —
2) Seebohl, Italograeca I, S. 8 ff. —
3) Liv. I 33. — Dionys. Hal. Röm. Altert. III, 44. —
4) Suet. Claud. 21. — Dio Cass. IX, 11. — Suet. Claud. 18: navis mercatoris causa fabricantibus magna commoda constituit pro conditione cuiusque. —
5) Orelli inscr. 3140. — Henzen 7106. —

in die letzten Zeiten des römischen Kaiserreiches.[1] Von
Ravenna ist ebenfalls eine Korporation der Schiffbauer,
fabri navales, bekannt,[2] desgleichen aus Pisaurum;[3] von
Massilia bemerkt Strabo[4] den bedeutenden Umfang dieses
Gewerbes, der sich auch bei dem ausgebreiteten Handel,
welchen vom grauen Altertume her diese Stadt betrieb,
von selbst ergiebt. Aber überhaupt muß der Umfang,
den die Schiffbauerei in den größeren Seestädten er-
reichte, ein sehr ansehnlicher gewesen sein; denn, da der
Großhandel bei den Römern zum großen Teile — bei
den Griechen fast ausschließlich — zur See und in manchen
römischen Provinzen auf den Flüssen seine Straßen fand,
so ist das Bedürfnis an Kauffahrtei- und Kriegsschiffen
ein sehr bedeutendes gewesen. Dazu kommt noch, daß
die Schiffe im allgemeinen nicht gerade lange seetüchtig
geblieben sein können, da man meistenteils Tannen- und
Fichtenholz zum Bau derselben verwendete,[5] so daß die
häufiger notwendig werdenden Reparaturen und Neubauten
die Lebhaftigkeit des Schiffbaues steigern mußten. Die
Schiffswerften, deren es in Rom verhältnismäßig schon
ziemlich früh zwei (*cetera* und *nova*) gab, hießen *navalia*
(*castra*); sie mußten jedenfalls vielfach der Reparatur
dienen. —

Bei unbefangener Betrachtung des römischen Seewesens wird man sich kaum der Einsicht verschließen
können, daß die Römer nicht bloß „fast in allem, was
das Seekriegswesen betraf, Schüler und Nachahmer der

---

1) Suet. Aug. 49. — Tac. a. IV, 5. — Veget. V, 1. Notitia
dign. occ. XL, S. 118, Böck. -
2) Gruter, S. 640, 1. —
3) Orelli 4084. —
4) XIV, S. 653.
5) Plin. 7, 206. 209.

Hafthemen·[1]) gewesen sind, sondern daß dieser Satz nahezu
auf das gesamte Seewesen auszudehnen ist.[2])

Mit Sicherheit dürfen wir in der indogermanischen
Periode bei der Ähnlichkeit für den Nachen

πλῦς   ναῦς   *naris*

und für das Ruder

a r-i-t r u-s   ἐρ-ε-τμό-ς   *re-mu-s*[3]) (vgl. *tri-remis*)
die Bekanntschaft mit dem Bau von Ruderbooten voraussetzen. Der Rudernachen ist also altes indogermanisches
Gemeingut; der Fortschritt zum Segelschiff aber gehört schwerlich der gräko-italischen Periode an, da es
keine nicht allgemein indogermanischen und doch von Haus
aus den Griechen und Italikern gemeinsamen Seeausdrücke
giebt.

Als die fremden griechischen Seefahrer zuerst nach
Italien kamen,[4]) versäumten sie es ohne Zweifel nicht,
ihrer alten Gewohnheit des See- und Landraubes neben
dem Handel obliegend, wo die Gelegenheit sich bot, die
Eingeborenen zu brandschatzen und sie als Sklaven fort-
zuführen; dafür übten die Eingeborenen ihrerseits das Ver-
geltungsrecht aus. Freilich thaten dies die Latiner und
Tyrrhener mit größerer Energie und besserem Glück als
ihre süditalischen Nachbarn; sie vermochten es nicht nur,
die fremden Eindringlinge von ihren Kaufstätten und Häfen

---

1) Weiß, Kostümkunde I, 185. —
2) Höchst interessante Bemerkungen hat neuerdings O. Keller
in den N. Jahrb. f. Philol. u. Päd. 1877, Bd. 115, S. 125—127 gegeben. Er bespricht dort unter der Überschrift ANTEMNA Wörter
wie gubernaculum, ocalmus, aplustre, carchesium, aca-
tium, ceruchi, ancora und antenna. Die Etymologie von
malus, Mastbaum, aus der. μαλός, hat derselbe inzwischen in den
Wiener Studien zurückgenommen und durch eine andere ersetzt,
wonach die Verwandtschaft mit unserem „Mast" hervorgehen würde.
— Vgl. die Italogrammata I, S. 53 f., Anm. 5 —
3) Vgl. Curt. Grz. 16, 342, 554 — Mommes. R. G. I, 16, 22, 138. —
4) Italogrammata I, S. 14 ff

fern zu halten, sondern sie auch aus ihrer eigenen See zu vertreiben. „Dieselbe hellenische Invasion, welche die süditalischen Stämme erdrückte und denationalisierte, hat die Völker Mittelitaliens, freilich sehr wider den Willen der Lehrmeister, zur Seefahrt und zur Städtegründung angeleitet. Hier zuerst muß der Italiker das Floß und den Nachen mit der phönikischen und griechischen Rudergaleere vertauscht haben."

Ihren Beleg finden die obigen Worte in dem Umstande, daß die älteren Kunstausdrücke der Segelschiffahrt lateinischen, die späteren aber griechischen Ursprungs sind. So sind die Wörter ve-lu-m und ma-lu-s sicher lateinischen Ursprungs, dieses von der Wurzel *magh, mah*, also *mah-lu-s* = der Mastbaum als Großes, Hohes,[1]) jenes von der Wurzel *ragh, reh* aus *reh-s-lu-m*, *rec-s-lu-m*, *ce-s-lu-m* = das Bewegende, das Segel; übertragen dann Tuch, Decke, Hülle, Vorhang.[2]) An-ten-na dagegen vermögen wir nicht mit Mommsen[3]) für wahrscheinlich echt lateinisch — von ἀνά (*anhelare, antestari*) und *tendere = supertensa* — zu halten, sondern denselben Zweifeln wie Curtius[4]) Rechnung tragend, erklären wir uns für die von O. Keller gegebene Ableitung.[5])

1) Vgl. Vaniček Wörterb. 684. — Ascoli Kuhns Ztschr. 17, 274 f. — Aufrecht ibid. 1, 160. 231. — Corssen ibid. 2, 217; 3, 295. Graßmann ibid. 16, 168 ff. —

2) Vgl. neben Vanič. Wb. 871 auch Goetze in Curtius' Stud. I b, 160. 170. — Max Müller, Vorlesungen über Sprachw. 2, 307, 56. Bopp Gl. 137 b. 140 b. — Corss. Vokalism. 1, 459; Beitr. 60. 353.

3) R. G. 1, 197, Anm.; Mommsens Ansicht beruht auf der gleich zu erwähnenden Behauptung Ritschls (Opusc. II, 552).

4) Andeutungen über das Verhältnis der lateinischen Sprache zur griechischen. Hamburger Philologenversammlung 1855, S. 4. Inwiefern diese *Andeutungen* auf des Verfassers Arbeiten eingewirkt haben, ersieht man aus dessen Index graec. vocab. etc. praef., p. VI; vgl. auch Italograeca I, S. 23, Anm. 5. —

5) N. Jahrb. 1877, Bd. 115, S. 126 f. —

„Die aufgezogene, ausgespannte, in horizontaler Richtung aufgehängte Stange, woran das Segel befestigt war, hieß an-tem-na; dieses antemna scheint wie lumen, Fortuna u. a. ein früheres tonloses ĕ eingebüßt zu haben, also für die uralte Zeit wäre *an-te-mina anzusetzen. Wir haben offenbar eine der vielen altlateinischen passiven Participialbildungen vor uns, wie legumina (λεγόμενα) ‚was gelesen wird': Erbsen, Linsen u. dgl.¹) Ich halte antem(i)na für ein Lehnwort aus dem Griechischen = ἀνατεταμένη, ἀνατεταμένα. ε verwandelte sich wie sonst in diesen Participialformen in ĭ, da es ja auch vor n sich für das Ohr nur undeutlich von ĭ unterschied; der Ton wurde nach der allgemeinen Regel des Lateinischen wie des Deutschen auf die erste Silbe des Wortes gelegt, und man hatte also ántetumina. Hieraus wurde durch ganz natürliche Verkürzung antamna oder antemna. Ich will noch erwähnen, daß ἀνατείνειν ἱστία eben in der Bedeutung ‚die Segel aufziehen und ausspannen' vorkommt, daß z. B. πτὸς ἐπὶ δόρατος ἀνατεταμένος gesagt wird = ein auf einer Stange aufgestellter Adler, daß auch das synkopierte ἀντάμνα sich nachweisen läßt. Anderer Ansicht, als ich sie hier ausgeführt habe, ist bekanntlich Ritschl²), der unter Beistimmung von Ribbeck antenna = antenda oder antetenda auffaßt und sich dabei auf die Analogie von antestari = antetestari stützt. Auch dieser Gelehrten nehmen somit — und hierin stimmen wir alle überein — den Ausfall einer Silbe in dem Worte an, um die sonst unvermeidliche ‚phonetische Beschwerlichkeit' abzuwenden."

1) Vgl. Ritschl opusc. II, 710 —
2) Opusc. II, 572. —

Für sehr alt halten wir ferner das Wort machina[1]), jene Vorrichtung, welche die Römer zuerst bei Griechen dorischer Abkunft gesehen haben mögen, worauf sie selbst es ihnen nachahmten, den starken Arm der *Maschine* zu gebrauchen, wo ihre eigene Körperkraft nicht mehr ausreichte: die List des Menschen der Natur gegenüber. Bei *Plautus* und *Pacuvius* finden wir dieses Wort schon völlig eingebürgert, desgleichen ein zweites bei demselben *Plautus* und *Cato*, nämlich nausea, die *Seekrankheit*. Mit Feinheit hat Curtius [2]) darauf hingewiesen, wie uns dieses, noch heute jeder Landratte ominöse Wort mit Sicherheit bezeugt, daß vor der Berührung mit griechischen Schiffern der Römer sich nicht weit von der Küste entfernt hat; ja, er mag zuerst wohl als Gast und Passagier mit dem Übel den Namen aufgenommen haben.

Plautus leitet davon schon das Verbum nauseare ab, *die Seekrankheit haben*, welches zu Ciceros Zeit schon abgeschwächt in der allgemeinen Bedeutung *Übelkeit empfinden*, bildlich: *Ekel bekommen* erscheint. Auch beginnt das übelriechende *Kielwasser*, nautea, die *Schiffsjauche*, eine Rolle zu spielen, so daß es bildlich ebenfalls für *Erbrechen (Plautus)* dient; gleichzeitig treten die Begriffe für das *Ausschöpfen* desselben auf, anclare *(Liv. Andron.)* und exanclare *(Plaut.*, bildlich*)*. Gerade aber in der bildlichen Verwertung dieser Ausdrücke liegt der Beweis ihres hohen Alters, denn ein Wort muß doch immerhin einigermaßen in Fleisch und Blut eines

---

1) Italograeca I, 41. — Lexikalische Belege hier zu geben haben wir schon deshalb umsomehr zu vermeiden gesucht, als gewisse Wiederholungen in den einzelnen Heften unvermeidlich sein würden; der Leser findet demnächst genügenden Nachweis in des Verfassers 'Tensaurus italograecus. Ausführliches, historisch-kritisches Gesamtwörterbuch der griechischen Lehn- und Fremdwörter im Lateinischen', welches im Verlage von C. Gerolds Sohn in Wien erscheint.

2) Andeutungen etc., S. 4. —

Volkes übergegangen sein, ehe dieses den übertragenen
Gebrauch desselben zu erfinden und zu würdigen versteht.
Ganz ähnlich steht es mit dem Worte scopulus
(Ennius und Terentius), hervorragende Felsspitze, Klippe,
erst im wirklichen Meere, dann im Wogengetriebe des
Lebens, während das Adjektiv scopulosus, klippenreich,
erst bei Cicero erscheint. An ihnen läßt der römische
Dichter das Schiff glücklich vorbeisegeln, Leucatam cam-
povit (Plautus), während dieselbe Muse ihn nach griechischem Vorbilde statt vom prosaischen mare von dem
pelagus (Plautus, Pacuvius, Accius) sprechen heißt, dessen
Farbe ihm bläulich oder blaugrau, glaucus (Ennius,
Accius) erscheint,[1]) während Plautus nicht nur vom color,
sondern auch vom ornatus t(h)alassicus spricht.
Ein weiter Abstand ist dann aber zwischen diesen Wörtern und späteren, wie uns am besten acta zeigt. Ursprünglich ist es, ganz dem griechischen Sprachgebrauche
entsprechend, das steile, hochragende Gestade am Meere,
das Seegestade, welches wegen seiner romantischen Lage
und weiten Aussicht einen reizenden Aufenthalt gewährt;
in diesem Sinne braucht es zuerst Cicero. Im Plural
bedeuten dann bei demselben Schriftsteller actae metony-
misch oft den heiteren Aufenthalt und das Leben fröhlicher
Erholung, freilich auch nicht selten die ausschweifende
Lebensart am Seegestade, also das raffinierte Badeleben
antiken Stils. Noch später darf Ovid die Gefährlichkeit
der 'Donnerhöhen', besonders des in die Adria vorspringenden
Vorgebirges Acrocerauniа (τὰ ἄκρα Κεραύνια), für so
allgemein bekannt ansetzen, daß er dieses Wort unbedenk-
lich für jeden gefährlichen Ort auf haec Acrocerauniа
ohne übertrеibt.

1) Den Bosporus euxinus (aus ἄξενος, gastlich) des Pontus
brauchte erst Cicero. —

Soviel sei zur vorbereitenden Einleitung im allgemeinen vorausgeschickt; wir wenden uns nun zu den Einzelheiten des eigentlichen Schiffwesens und beginnen mit einer Aufzählung der verschiedenen

Arten von Schiffen.

A. Baumstark [1]) giebt uns eine wertvolle Übersicht, der wir unsere Anmerkungen beifügen.

„Was die *(eigentlichen)* Schiffe der Römer betrifft, so hatten dieselben im wesentlichen nichts Eigentümliches, wodurch sie von den hellenischen und karthagischen unterschieden gewesen wären. Die ältesten Kähne (Tiber!) hießen *caudices* und *naves caudicariae* (Appius Claudius *Caudex* fuhr damit nach Sicilien. *Varro rit. pop Rom. 71).* [2]) —

In den folgenden Zeiten hatten indes natürlich auch die Römer den hellenischen Unterschied zwischen eigentlichen *Kriegsschiffen, naves longae* (auch *militares*) und den *naves onerariae, Transport-* und *Lastschiffen,* unter welchen zwischen den schweren und leichten besonders unterschieden wurde. Mit diesen dürfen jedoch die *naves actuariae (= quae remis solis agi possunt)* nicht verwechselt werden, welches *leichte, schnellsegelnde* Schiffe waren, die nicht selten als Gegensatz gegen die großen Kriegsschiffe erwähnt werden und auch bei Seetreffen vorkommen. Ohne Zweifel hat man sie zunächst mit den griechischen τριακοντόροις und πεντηκοντόροις,

---

1) Paulys Realencyklopädie V, 467 f. —
2) Wir berichtigen die Etymologie nach Vaniček Wörterb. 1116 f.: *caude-x* mit seiner Nebenform *code-x (1-ci-s), m.,* bedeutet den (hervorspringenden) *Klotz* oder *Stamm,* von dem der römische Beiname *Caud-ex* erst abgeleitet ist; es hat denselben Stamm *(s)caud* (Wurzel *skud, vorspringen)* wie *caud-a, Vorsprung = Schweif* etc. Nur *Seneca* und *Varro* haben aus *caudex,* dem Beinamen des Claudius, die Fabel von den *caudices* gemacht. —

welche ποντοπόροι waren, dann aber auch mit den κλέπτοις πειραταῖς und ὑπηρετικοῖς zusammenzustellen; *Liv. 38, 38. Cacs. b. G. 5, 1. Lucan. 3, 534.* vgl. *Scheffer de milit. nav. Thuc. Antiqu. Graec. Gronor. T. XI. p. 777.* [1]) ...... Ganz besonders leichte, schnelle Schiffe waren die von den Griechen κέλητες (*Aristoph. Lys. 60*), von den Römern *celoces* [2]) genannten Fahrzeuge (mit mehr als einem Ruder). *Liv. 37, 27. App. Pun. p. 12. Polyb. 5, 94. Plin. h. n. 7, 56. Scheffer Mil. nav. 2, 2. n. de var. nav. 773.* —

Mit einem einzigen Ruder: σκάφη, *scapha, cymba;* dem *celox* am nächsten kommt der *lembus*, da derselbe einerseits als eine *navicula modicissima* und *navicula brevis piscatoria* beschrieben, andererseits mit den Fahrzeugen der Seeräuber (*naves piraticae*) zusammengestellt wird (*Liv. 37, 27*), ausgezeichnet durch Schnelligkeit (*Plaut. Ba. 2, 3, 52. Liv. 44, 28*). Mögen dabei manche *lembi* fast so klein wie die Kähne gewesen sein (*Plaut. Merc. 1, 2, 81*), so war dies Ausnahme; denn bei *Liv. 36, 34* kommen *lembi* von 16 und noch mehr Rudern vor. Ähnlich verhält es sich mit dem *phaselus* (φάσηλος), welcher zwar in der Regel sehr klein (s. d. Ausleger zu *Hor. carm. 3, 2. Martial. 10, 30*), manchmal aber auch von nicht unbedeutender Größe war, wie namentlich *Appian. B. C. 5. p. 726* φάσηλοι γραμματικοί, μιχτοί ἐκ τε φορτίδων νεῶν καὶ μακρῶν erwähnt. *Sallust* aber *Hist. 3* eine *grandis phaselus*, auf

---

1) Wo noch die Hauptschriften hinzu von *B. Graser*, *de veterum re navali*. Berlin. 1864. 1 und *Ebendes.*, *Untersuchungen über den Seewesen des Alterthums* (*Philologus 3. Supplementbd. 2. Heft.*) genannt. *Beide Schriften* sind aber, da sie den sprachlichen Resultaten gegenüber durchaus parteiisch bleiben, für unseren Zweck von geringer Bedeutung, so verdienstvoll die sonst auch sind. —

2) Vom *stamme* cel (Wurzel *kar* oder *kal*), stammverwandt mit *celer*, *currere*, *cilium*, *scheel*, *geschwind*, ahd. — *Schnellsegler*, *Jacht*, *Landshuff*; *Vanič. Wörterb.* 123. —

welcher eine ganze Kohorte Platz genommen hatte.
Sehr oft werden unter ganz gleichen Vorstellungen die
myoparones (μυοπάρωνες) erwähnt, und nicht selten
vorzugsweise als Schiffe der Seeräuber charakterisiert;
es waren *leichte Kaperschiffe*."

In dieser Aufzählung fehlt aber ein sehr wichtiges,
zugleich wohl das älteste der zur Bezeichnung von Fahrzeugen entlehnten Wörter gänzlich, nämlich
linter, altlateinisch *lunter*.

Dieses, aus einem nicht vorhandenen, aber zu rekon-
struierenden *πλυντήρ (ursprünglich = *Waschtrog*) entlehnte
Wort bezeichnet bei *Cato (r. r. 11, 5)* zwar ein *kahnförmiges
Geschirr*, einen *Trog*, eine *Mulde: serrabit plenas in lin-
tribus uvas*. Aber, wenn es auch bei *Caes.* und *Cic.*
erst in der Bedeutung: *Kahn, Nachen* erscheint, so giebt
uns einerseits die altlateinische Form, sodann aber der
Abfall der gewissermaßen unbequemen Tenuis vor der
Liquida den Beweis seiner sehr frühzeitigen Entlehnung.

Ziemlich ebenso alt mögen die 3 folgenden Wörter sein:
1. *scapha* (σκάφη), der *Kahn*, der *Nachen (Plaut. Rud.
7mal).*
2. *lembus* (λέμβος), ein kleineres Fahrzeug, etwa *Feluke,
Kutter (Plaut., Acc., Turpil.).*
3. *cercurus* (κέρκουρος), ein *leichter Schnellsegler (Plaut.)*,
während *cumba* (statt des späteren *cymba*, aus κύμβη),
der *Nachen, Kahn (Afr.)* und *phaselus* (φάσηλος), das
leichte Fahrzeug in Gestalt der Schwertbohne (Sisenna),
also mehr ein Vergnügungsfahrzeug, schon jüngeren Da-
tums sind. Ein Deminutiv aus dem obigen *lembus* ergiebt
lenunculus (statt *lembunculus*), ein *kleines Fahrzeug,
etwa Barke, Feluke (Caes., Sall.);* eine andere Art *leichter
Schiffe* ist *paro* (πάρων) *(Cic.)*, dessen Kompositum *myo-
paro* (μυοπάρων) *(Cic.)* ein *leichtes Kaperschiff* bedeutet.
Es schließt sich daran an *aphractus* (ἄφρακτος) *(Cic.)*,

die offene *Gondel*, und *cybaea* (von κύπη, κύβη, = *cupa*)
(*n. unoia*, Cic.), das einer Tonne ähnliche *Transportschiff*.
Nach der Reihe der Ruderbänke werden benannt:

monāris (μονήρης), (*Liv.*, rein lat. noch bei Tac.
h. 5, 23), der *Einruderer*,
triēris (τριήρης), (*sc. navis*, *Auct. b. Afr.*), das
dreirudrige Schiff; *Subst.* (*Nep.*),
der *Dreiruderer*,
pentēris (πεντήρης), (*Auct. b. Alex.*), der *Fünfruderer*,
hexēris (ἑξήρης), (*Liv.*), der *Sechsruderer*,
heptēris (ἑπτήρης), (*Liv.*), der *Siebenruderer*. [1]

Es bleiben uns noch aus der *Kriegsmarine* zu nennen:
cataseopus (κατάσκοπος), (*Auct. b. Afr.*), und *cata-*
scopium (*Gell.*, bei Cic. zweifelhaft), beide in der Bedeutung: *Späherschiff*.

Schließlich *thalamēgus* (θαλαμηγός), das *Schiff mit*
einem Gemache, die Gondel, rein lat. *navis cubiculata*, von
der ägyptischen Jacht der Kleopatra.

Aus Obigem geht unter anderem mit ziemlicher Klar-
heit hervor, daß die Kriegsfahrzeuge der Römer zu allen
Zeiten, ebenso wie die der Phönikier und Hellenen, Ruder-
galeeren waren, auf welchen das Segel nur als gelegent-
liche Verstärkung des Ruders verwendet wurde; nur die
Handelsschiffe sind in der Epoche der entwickelten antiken
Civilisation eigentliche Segler gewesen. [2]

---

1) Eine richtige Bemerkung macht *Baermann*, *Jubiläumsschrift*,
S. 148. „Manche termini technici sind nur Übersetzungen von griechischen Wörtern, wie *triremis* von τριήρης, *oculi*, Ruderlöcher, von
ὀφθαλμοί, *palus*, *Schote*, von πάλος u. s. w."

Vgl. auch O. Weise, d. gr. W. i. Lat., S. 211 und 212, wo noch
angeführt sind: *hortator* = κελευστής, *manus ferreae* = χείρες σιδηραί,
stativa = κατόρυγμα, *corvus* = ἁρπακτήρια, *biremis* = δίκροτος,
navis constrata = πλοῖον κατάφρακτον, *navis aperta* = πλοῖον
ἄφρακτον, *navis longa* = πλοῖον μακρόν, *navis speculatoria* = πλοῖον
κατάσκοπον, *navis cubiculata* = θαλαμηγός, *antlia* = ἀντλίον, *celox* =
κέλης. —

2) Mommsen. R. G. III, 20. —

Von den verschiedenen Arten der Schiffe gehen wir zu den einzelnen Bestandteilen derselben über und kommen somit zur

Schiffsausrüstung.

Die ältesten Ausdrücke hierfür haben wir wohl in den Lehnwörtern *antenna, aplustre, contus* und *gubernum* zu suchen.

Obgleich sich Belegstellen für *antenna* nicht vor *Caesar* finden lassen, so dürfen wir doch annehmen, daß die Römer die *Rahe* wegen ihrer Wichtigkeit schon früh von den Griechen aufnahmen; sodann zeugt die seltsam zusammengezogene Form des Wortes dafür, daß wir eine sehr frühe Aufnahmezeit voraussetzen müssen. Wegen der Etymologie weisen wir auf die Kellersche Ableitung, die wir oben angeführt haben. Alt ist auch *aplustre* (ἄφλαστον), im Plural *aplustria*, Schiffszierat, Schiffshinterteil, Schiffsknauf (*Enn. a. 590*), zu einer Zeit aus dem Griechischen entlehnt, wo man im Lateinischen weder die Aspirata besaß noch auch überhaupt eine genaue Wiedergabe dieses Wortes bewirken konnte. Bei diesem Worte läßt sich eine gewisse Volksetymologie [1]) nicht verkennen, welche sich auf lateinische Wörter wie *claustrum, lustrum, palustre, plaustrum* und *rostrum* stützen konnte.

Ebenso verrät ein hohes Alter *gubernum* (*κυβερνον*), *Steuerruder* (*Lucil. sat.*), während die Handschriften

---

1) Vgl. Italograeca I, S. 26, Anm. 1. — Zu verbessern ist daselbst das dänische Wort in „*folkeetymologieen*; sonst sind an Druckfehlern in diesem 1. Heft zu berichtigen: S. 8, Z. 15 v. o.: Kyme; S. 13, Z. 4 v. u.: „*die Vaterstadt von Hesiods Vater Dios und von Ephoros*; S. 17, Z. 1 v. o.: *wurden*; S. 18, Z. 3 v. o.: *widerspiegeln*; S. 20, Z. 9 v. u.: *Gesamtansiedlung*; S. 26, Z. 2 v. u.: Gell. 17, 2, 21; S. 32, Anm. 2, Z. 11 v. u.: *Guhl u. Koner*; S. 39, Z. 11 v. u.: Plaut. Rud.; S. 40, Z. 7 v. u.: Plaut. hinter *das Trauerspiel*; S. 47. Z. 15 v. o.: *glänzenden*; S. 49, Z. 7 v. o.: *Intro* (oder *Ayro*) *Mainyus*. —

schwanken, ob bei *Laber. (com. 3) gubernum = Steuerruder* oder *gubernator = Steuermann*, zu lesen sei. Jedenfalls ist die ganze Steuerkunst mit Steuermann und Steuerruder erst nötig geworden, als man sich weiter aufs Meer hinauswagte, aber auch infolge griechischer Bekanntschaft und griechischen Einflusses, wofür *gubernare, steuern (Ehm.)* und *gubernaculum, Steuerruder*, Zeugnis ablegen; *gubernator = κυβερνήτης, Steuermann* (Fest. Aut. 3, 5. C. I. L. 5, 906, das Femininum *gubernatrix* C. I. L. 7, 238).

Schließlich muß auch *contus* (κοντός), die Ruderstange, obgleich erst bei Vergil belegt, recht alt sein; das beweist uns die zusammengesetzte Verbalform *percontari*, wofür mißbräuchlich noch jetzt manchmal *percunctari* gesagt wird: *percontari* sowohl, als auch *percontator* braucht *Plautus* schon im übertragenen Sinne von ausforschen, Ausforscher.

Aber auch die nachfolgenden Wörter machen Anspruch auf ein verhältnismäßig hohes Alter.

So vor allen *ancora*, der Anker, aus ἄγκυρα mit dem eigentümlichen Wechsel von *u* in *o* entlehnt; nach Ribbeck schon bei *Naer. com. fr. 52* belegt. Anfänglich waren es wohl auch bei den Römern noch Steine oder Felsen (λογγῶνες bei den Griechen genannt), Stücke Holz mit schwerem Blei daran, statt deren man auch Körbe mit Steinen oder Säcke mit Sand nahm. Bei Homer werden Ankersteine (εὐναί, eigtl. Ruhesteine) vom Vorderteile des Schiffes an Tauen ins Meer geworfen (ἐβάλλοντο), während die Hinterteile der Schiffe dadurch festgehalten wurden, daß man von da aus Kabeltaue am Lande festband (πρυμνήσι ἀνάψαι), an einen Baum oder an eine Felszacke oder an einen dazu bestimmten Stein. Später kam man dann auf die eisernen Anker mit Zähnen oder Widerhaken, daher ὀδόντες, *dentes*.

Bezeichnend sind auch noch die Redensarten *ancoras solvere* = τὰς ἀγκύρας αἴρειν, die *Anker lichten*, das Zeichen der Abfahrt, und *sacram ancoram solvere*, zum letzten *Rettungsmittel seine Zuflucht nehmen;* schon damals besaß jedes Schiff mehrere Anker, von denen der wichtigste, der nur in äußerster Not gebraucht wurde, *sacra* (ἱερά) hieß. —

Ferner sind hier zu nennen: *prora* (πρῴρα),[1]) das mit Götter- und Heroenbildern geschmückte *Schiffsvorderteil (Lucil.*, während *proris* bei *Arc. tr.* 575 und *proreta* aus πρωράτης, der *Oberbootsmann,* schon bei *Plaut. Rud.* 1014 vorkommt), *carchesium* (καρχήσιον), der oberste Teil des Mastes, wo die Segel befestigt sind, welcher wie ein hohes, um die Mitte etwas eingedrücktes Trinkgeschirr aussah, der *Topp (Lucil.*, in der Bdtg. *Becher* schon bei *Liv. Andr.*), *agea* (ἀγυιά), der *Schiffsgang,* obgleich dieses Wort mit *scapho* oder *saphon*,[2]) *Schiffsseil (Caecil. com.)* sowie die Wörter *ceruchi* (κεροῦχοι, κεραιοῦχοι), *Schiffstaue (Lucan.)* und *corymbus* (κόρυμβος), eigtl. *Blüten-* oder *Fruchtbüschel,* dann übertr. *Schiffsknauf (Verg.)* nicht zu den wirklichen Lehnwörtern gerechnet werden können. Wohl aber gehören zu diesen *struppus* (στρόφος), der *gedrehte Riemen,* welcher zum Anbinden der Ruder an die Ruderbank diente *(Liv. Andr.*), *supparum* (σίφαρον), das *Topp-* oder *Bramsegel (Lucan.*, während es in der Bdtg. *Überwurf* schon bei *Plaut.* vorkommt), *anquina* (ἀγκοίνη), die *Schlinge von Tauwerk,* womit die Rahe an den Mast befestigt war *(Lucil.)* und *artemo* (ἀρτέμων), das *Bramsegel (Lucil.).* —

---

[1]) *Attisch* auch πρῴρα, dagegen *ion.* und *ep.* πρώρη, Etym. M. πρῷρα, vgl. Poppo Thucyd. 7, 34, 5: vgl. übrigens noch die poetische *vox hibrida* + *biprorus (Hygin. fab.)*, mit doppeltem Vorderteile. —

[2]) Nach Weise, a. a. O. 212, Anm. möglicherweise ungriechisch. —

Kam man der Küste nah, so warf man das *Senkblei* [1]) aus, *cataprorates (Plaut., Lucil. catapirates, — κατα-πειρατής* und καταπροτής), dann bedurfte es wohl des *Bohllanmes, scutula* [2]) (σκυτάλη, zwar erst bei *Caes.* belegt, aber unterbinden wegen des Lautwechsels viel früher aufgenommen), um die Schiffslast ans Ufer fortzubewegen oder den *palus prymnesius* (πρυμνήσιος), des *Schiffspfahles* (*Lucil.*), um das Schiffshinterteil am Ufer festbinden zu können.

Schon auf jüngere Zeit deuten die *phalangae* (φα-λάγγαι), Walzen oder *Rollen*, um Schiffe und Maschinen fortzuschieben (*Caes.* und *Varr.*); desgleichen *scalmus* (σκαλμός), der Pflock oder der an der Seite des Schiffes eingeschlagene Nagel, worin das Ruder geht, das *Ruderholz*, die *Dolle* (*Cic.*), ein Wort, welches sogar ins Sprichwort übergegangen ist: *scalmum nullum videre* (*Cic. off. 3, 14, 60*), keine Spur von einem Kahn sehn. Dazu gehört denn noch die hibride Bildung + *decemscalmus* (*Cic.*), mit 10 Ruderhölzern versehen.

Eine merkwürdige Entstellung liegt in *opiferae* [3]) (aus ὀπίσω) vor. *Taue*, welche rechts und links von den Enden der Rahe aus nach hinten gehen, *Brassen* (obgleich erst bei *Isidor.* belegt, dennoch wegen seiner seltsamen Umformung viel früher hinübergenommen). Wir nennen

[1] Kein Zweifel zu haben ist *molybdis* (-us) μολυβδίς, μό-λυβδος, das *Senkblei* (*Stat. Silv.*), wo sogar die Lesart *molorthus* überliefert.

[2] In dem Lexion ist bei *scutula* eine Vermengung des echt lateinischen Wortes, Deminutiv von *scutra, Schüssel*, und des Lehnwortes aus σκυτάλη, zu vermerken: Näheres im *Thesaurus italo-graecus* s. v. —

[3] *Hum.* a. a. O. 211 erwähnt hier noch die Verstümmelung *των βυζυεν in ομνιεν*; *Schuchardt*, *Vokalism. des Vulgärlat. III, 11*: *genomena = gnomen (Tonus) enthellet.*; wer wohl sicher einem vulgär-lateinisch, da es sich in *H (omnea)*, *Fr. (omna)*, *Sp. (omnes)*, *cammoffleu*, *Pg. (roumouillee) findet*; s. Boeckh, Urkunden über das Seewesen, S. 136 fg. —

noch den *Schiffsschnabel* von Metall, *embolum* (ἔμβολον, *Petron.*), sowie *dolo* oder *dolon* (δόλων), das kleinste Segel nach dem Vorderteil des Schiffes zu, das *Vordersegel (Liv.)*. —
Wir gehen nunmehr über zur näheren Betrachtung der

Kriegsmarine.

Polybius erwähnt zum Zeugnis für die außerordentliche Kühnheit der Römer bei großen Unternehmungen, daß, als sie sich entschlossen, ihre Truppen nach Messina überzusetzen, sie weder geschlossene noch Transportschiffe, sondern nur Fünfzigruderer und Trieren besaßen, welche ihnen die Bewohner von Tarentum, Lokroi, Elea und Neapolis geliehen hatten; auf diesen unternahmen sie es in ihrer Verwegenheit, ihr Heer überzusetzen.

Bis zum Ende des 4. Jhdts. der Stadt ist von lateinischen Kriegsschiffen kaum die Rede, außer daß im J. 360 *(394 v. Chr.)* [1] auf einem römischen Kriegsschiff das Weihgeschenk aus der vejentischen Beute nach Delphi gesandt ward; noch herrschten in den Gewässern Latiums fremde Flotten. Hinzu kommen die demütigenden Verträge mit Karthago und Tarent: im ersteren [2] (460 d. St., 348 v. Chr.) mußten sich die Römer verpflichten, die Gewässer vom *Schönen Vorgebirge (Kap Bon)* an der libyschen Küste nur im äußersten Notfall zu befahren; im letzteren, längere Zeit vor 472 *(282 v. Chr.)* abgeschlossenen Vertrage verpflichteten sie sich, die Gewässer östlich vom Lakinischen Vorgebirge nicht zu befahren. Durch diese Maßregel wurde Rom völlig vom östlichen Becken des Mittelmeeres ausgeschlossen. Gleichwohl dürfen wir unbedingt annehmen, daß es seine Kriegsmarine niemals

---

1) *Liv.* 5, 28, 2, vgl. *Marqu. Handb. der röm. Altert.* V II, 11 (der 2. Teil seiner Privataltert. ist leider noch nicht erschienen).
2) *Polyb.* 3, 22 (Momms. R. G. I, 320. 413). —

gänzlich vernachlässigt hat, vielmehr legt die römische Kolonialbefestigung das beste Zeugnis dafür ab, die gedrückte maritime Stellung zu verbessern. So wurden in Pyrgi, dem Hafen von Caere, in Antium 415 *(338* v. Chr.), Tarracina 425 *(329)*, Pontiae 441 *(313)*, Minturnae und Sinuessa 459 *(295)*, Paestum und Cosa 481 *(273)*, endlich in Sena Gallica und Castrum Novum um 471 *(283)* und Ariminum 486 *(268)*, nach dem Pyrrhischen Kriege in Brundusium römische Kolonieen angelegt; Ostia, Ardea und Circeii hatten bereits früher Kolonisten empfangen, aber ohne eine ansehnliche Staatsflotte blieben diese Küstenbewachungen unzulänglich; es galt also diese zu schaffen.[1]

Die dem 415 *(338)* unterworfenen Antium genommenen Kriegsgaleeren, dann aber die zu bundesmäßiger Kriegshülfe verpflichteten Griechenstädte, voran Neapolis 448 *(326)* legten den ersten Grund zur römischen Kriegsmarine; in dieser Zeit mag das Wort *classis*[2] für *Flotte* ver-

---

1) Schubart R. G. III, 352. —

2) *Dion. Hal.* 4, 15: ἐγένοντο συμμορίαι ιβ, ἃς καλοῦσι ῾Ρωμαῖοι κλάσεις κατὰ τὰς Ἑλληνικὰς κλήσεις παρονομάσαντες. — *Curtius, Etym., S. 81: „*Das doppelte *s* ist von keiner Bedeutung, seitdem wir aus Ritschls Untersuchungen wissen, daß die doppelte Schreibung der Konsonanten erst mit *Ennius* aufkam und erst gegen die Mitte des 7. Jahrhunderts allgemein sich festsetzte. *Clasis* ist also gr. κλᾶσις, was wir als dorische Form für κλῆσις voraussetzen dürfen, obgleich sonst die Dorier in diesem Stamm das η erhielten. Aber so gut wie *Crethaeus* vorkommt neben *καντζός*, so gut konnte κλᾶσις neben κλῆσις so Gebrauch kommen. Daß das Wort nicht etwa von dem echt lateinischen *calare* gebildet ist, beweist die Endung *si-s*, welche in echt lateinischen Wörtern für die ursprüngliche *ti-s* nur dann eintritt, wenn, wie in *arcus*, ein dentaler Konsonant mit dem *t* zum Zischlaut verschmolzen ist; das echt lateinische Wort würde *calatis* oder *calatio* heißen."* — In seinen *Grundzügen* (5. Aufl.) aber äußert sich derselbe Gelehrte: „Mit . . *calare* stellte man (*Quint.* VI, 1, 33) schon im Alterthum *classis* zusammen, das aber, wie Pott I¹, 214, II², 376 erkannte, sich durch nichts als keinesfalls direkt aus W. *cal, cla* und Suffix *ti* hervorgegangen erweist. Das Wort ist entweder (vgl. *hostis*) aus einem griech. κλᾶσις in einer vorauszusetzenden dorischen Form κλᾶτις entlehnt (Mommsen Röm. Gesch. I², 81), oder, wie Corssen I², 446 vermutet, durch einen Verlobstamm *cla-t* hindurchgegangen, wie etwa durch *fur* jedenfalls bezeugtes *classis* „Aufgebot"; in *classicum*

wendet worden sein. Freilich reicht das Alter dieses Wortes bis in die Zeit der Servianischen Verfassung zurück, wo nach der Größe der Grundstücke die kriegspflichtige Mannschaft in fünf '*Ladungen*' — *classes* eingeteilt wurde, von denen indes nur die Pflichtigen der ersten Ladung oder die Vollhufener in vollständiger Rüstung erscheinen mußten und insofern vorzugsweise als 'die zum Kriegsdienst Berufenen' = *classici* [1]) galten. In dieser letzteren Bedeutung 'zur Klasse, d. h. Volksabteilung gehörig' finden wir *classicus* zuerst bei *Cato*; viel später erst (bei *Liv.* und *Prop.*) in der Bedeutung 'zur Flotte gehörig, See-', *classici, orum, m.* = *Matrosen*.

Classis selbst also hat von der ältesten Bedeutung *Aufgebot, Versammlung* folgende Skala der Begriffe durchlaufen:

I. *Die zur Abstimmung berufene Volksabteilung*; später allgemein: *Abteilung, Klasse.*

II. *Die unter die Waffen gerufene Mannschaft* (nur im veralteten Latein, besonders *classis procincta*).

III. *Die vereinigte Seemacht, die Flotte:* in dieser Bedeutung kommt das Wort am häufigsten vor.

Als die älteste Belegstelle dafür müßten wir die columna rostrata 494 *(260 v. Chr.)* ansehen, wo sich folgende Formen finden: [2])

---

schimmert noch das Etymon durch (Quint. I, 6, 33)." — Wir berufen uns auf Schweizer, Kuhns Ztschr. XI, 77 und halten unsere bereits 1874 im *Index gr. roc. p.* 24 aufgestellte Ansicht aufrecht. -

1) Momms. R. G. I 6, 90) hält jetzt an der Ableitung von *calare* fest, nachdem er in früheren Auflagen *(vgl. die vorhergehende Anmerkung)* für die Entlehnung war. — Niebuhr R. G. I, 179. - Schwegler. R. G. I, 744. 754. — Paul. Diac. p. 56 *classes clipeatas*; id. ib. *classis procincta*; id. p. 113 *infra classem*; id. p. 225 *procincta classis*. Fest. p. 189 *opima*; id. p. 249 *procincta*. — Gell. I, 11, 3. 7, 13. 10, 15, 4. — Serv. Aen. 7, 716. — Liv. 4, 34, 6, wo *classi* möglicherweise durch ein Mißverständnis auf die Flotte bezogen worden ist. —

2) C. I. L. I, 37 sqq. (Orelli inscr. 549). — Ritschl p. l. m. XCV. —

CLASESQVE NAVALES

und

CLASEIS POENICAS OMN~,

wenn nicht die auf dieser Säule enthaltene Inschrift wohl erst unter Claudius mit gesuchter Nachbildung archaistischer Redeweise angefertigt wäre.

Zu den großen Kriegsschiffen gehörten noch die Angriffsmaschinen, von denen wir hier besonders *turres*,[1] die *Streittürme auf dem Verdecke*, zu erwähnen haben. Dies waren Türme, wie man sie zu Lande bei Belagerungen brauchte, nur nicht so hoch; sie wurden im Hinter- und Vorderteile des Schiffes mit großen Streben (πυργοῦχοι bei den Griechen) befestigt.

Als Angriffswaffe dienten die *harpagones* (ἁρπάγη, die *Harke*, bes. zum Emporziehen der Brunneneimer, *Vnr. Cyd. 33*), den *manus ferreae* ziemlich entsprechend,[2] schwere, an Ketten hängende Stangen mit eisernen Haken, welche man auf die feindlichen Schiffe zu werfen suchte, um diese dann mit den eisernen Ketten an sich zu ziehen und zu entern. Da nun *Plautus* schon *harpago* in der übertragenen Bedeutung von einem Menschen = *Enterer*

---

[1] Das Wort *turris* (τύρσις [ύρσις]), Turm, findet sich zuerst bei *Enn. tr. 46 Ribb.* (vgl. C. I. L. I, 1177. 1899). — In der obigen Bedeutung dürfte sich das Wort zuerst bei *Caesar* finden, während *Livius Caes. (Fried. p. 314 [b]. 13. vgl. Gell. 10, 9, 1)* übertragen mit *turris* eine verschiedene Art der Schlachtordnung bezeichnet. —

[2] Vgl. *Curt. Ruf. 6, 2*, wo beide Instrumente verwechselt werden: *ferreas manus — has harpagones vocant.* — In ihrer Konstruktion waren sie doch etwas verschieden; die *ferreae manus* waren an Haken an Ketten (*Liv. 24, 34, 10*); von den *harpagones* heißt es daß *Sil. 10, 16: postremo asseres ferreo unco praefixi — harpagones vocant — ut Punicis navibus inici in Romanas coepti.* Denn *Xenoph.: ζεῦγος σιδηροῦν δεδεμένον.* Bei *Caes. b. G. 7, 81, I* dienen *harpagones* zum Niederreißen der Mauern. Vgl. noch *Liv. Caes. 40, 6 und Plinius n. h. 7, 209: harpagones et manus ferrae Anacharsis invenit,* wie *App. b. c. 5, 118: τὸν καλούμενον harpoya — ξύλον πεντάπηχυ σιδήρῳ περιβεβλημένον, κρίκους ἔχον περὶ ἑκάτερα ἄκρα:. —*

oder *Manschaken* als Schimpfwort gebraucht, so werden wir mit Sicherheit auf die frühzeitige Entlehnung des griechischen Enterhakens seitens der Römer rechnen dürfen, selbst wenn die älteste Belegstelle für diese Bedeutung sich erst bei *Caes. b. c. I,* 57, 2 findet:

hi manus ferreas atque harpagones paraverant . . . .

Dieses Wort führt uns aber unmittelbar auf das Kapern feindlicher Schiffe, zu denen nicht zuletzt diejenigen zu rechnen sind, welche den

Seeräubern

angehörten.

Das Gewerbe der Seeräuberei im Mittelländischen Meere war uralt und wurde am verwegensten von den Illyriern, Kilikiern und Isauriern geübt. Der Seeraub warf aber auch besonders in der Zeit, wo die Römer noch nicht Herren der Adria, geschweige denn des Mittelmeeres waren, einen nicht unbeträchtlichen Gewinn ab, der jedenfalls leichter und bequemer war als der mühselige Handel, obgleich ja auch dieser von den genannten Völkerschaften, besonders von den illyrischen Liburniern gepflegt wurde, deren flinke Schiffe den Alten wohl bekannt und, wenn Kaperschiffe, von ihnen sehr gefürchtet waren.[1]

In der Tyrrhenischen See aber trieben in der ältesten Zeit Etrusker, dann Pöner und Griechen den Seeraub; sie konnten es alle um so ungestörter als Rom sich verhältnis-

---

[1] *App. bell. Illyr.* 3: καὶ ναυτικοὶ μὲν ἐπὶ τοῖς Ἀδριαίοις ἐγένοντο Λιβυρνοί, γένος ἕτερον Ἰλλυριῶν, οἳ τὸν Ἰόνιον καὶ τὰς νήσους ὀξέσιν ναυσὶν ὠκείαις τε καὶ κούφαις, ὅθεν ἔτι νῦν Ῥωμαῖοι τὰ κοῦφα καὶ ὀξέα δίκροτα Λιβυρνίδας προσαγορεύουσιν. — Vgl. *Plut. Ant.* 67. — *Steph. Byz. s. v.* Λιβυρνοί. — *Eust. ad Dion. Per.* 385. — *Plin.* 9, 12. 10, 63. 16, 39. — Vereinzelt steht die Notiz des *Acro* zu *Hor. epod.* 1, 1: *Liburnae naviculae sunt textae viminibus.* — Vgl. noch *Blümner, d. gewerbl. Thätigkeit der Völker des klassischen Altertums*. Lpg. 1869, S. 54 und *Momms. R. G.* I, 518 ff., wo sich die genaue Schilderung der illyrischen Piraterie findet. —

uns sehr spät entschloß, diesem Unwesen energisch ein Ende zu bereiten.

Wir sehen in den punischen Kriegen, daß die Römer die Seemacht der Karthager nur immer zerstörten, aber nicht auf sich selbst übertrugen; dieser Umstand beweist, daß sie überhaupt zunächst gar keinen Sinn für das Schiffswesen besaßen. Erst nach Jahrhunderten kann uns *(Livius Varr. 5, 27 sqq.)* davon berichten, daß die Piraten, wenn sie zu seiner Zeit in die Hände der Römer fielen, gewöhnlich, je nach dem Belieben des Feldherrn oder Statthalters, mit Enthauptung oder Kreuzigung bestraft wurden. —

Interessant ist und tieferen Einblick gewährt der Umstand, daß *Plautus* das Wort *harpax* im Sinne von *räuberisch* anwenden, ja nach seiner Weise sogar das Zeitwort *harpagare* bilden und vom Entern auf das Rauben des Diebes übertragen darf, ohne befürchten zu müssen, daß man seine Anspielung nicht verstünde. Bezeichnend aber ist es wiederum, daß erst zu *Ciceros* Zeit, wo, wie wir sahen, dem Unwesen ein Ende gemacht wurde, Wörter auftauchen, wie *pirata* (πειρατής) selbst (*Cic.*), der Pirat, Seeräuber, Korsar; *piraticus* (πειρατικός), *seeräuberisch* (*Cic.*; *bellum piraticum Cic., Varr.*) und *archipirata* (ἀρχιπειρατής), der Korsarenhauptmann (*Cic.*, rein lat. *praedonum dux*). —

Nach diesem Exkurs kehren wir zum eigentlichen Schiffswesen zurück und erörtern jetzt die Frage, welche sich uns hinsichtlich der

Bemannung

der Schiffe aufwirft.

Da ist zunächst — wohl das älteste von diesen Wörtern — *nauta*[1] (ναύτης), der Seemann, Schiffer, Matrose

---

[1] Kvíčala, *de nauta substantivo* (XII. Supplementbd. der Jahrb. f. class. Philol.) p. 635: ... argumentum certissimum ex eo nan-

(Plaut.); *nautae* sind bei *Livius* die Bootsleute, welche die Aufsicht über das Schiff, die Taue, Ruder, Masten, Segel u. s. w., auch über den Proviant hätten, während *nauticus* (ναυτικός) das, was *zu den Schiffen oder Schiffsleuten gehörig* ist *(Caes., Cic.)*, bedeutet.

Eine sehr wichtige Person war der *Steuermann*, *gubernator* (κυβερνήτης, zuerst bei *Plautus* in diesem, bei *Ennius* schon im übertragenen Sinne), welcher auch wohl einen *Untersteuermann*, + *progubernator (Caecil. com.)* zur Seite hatte; bei größeren Schiffen stand aber noch ein Steuerkundiger auf dem Vorderteil des Schiffes, *proreta* (πρωράτης, *Plaut.*, gewissermaßen der *Oberbootsmann*). Der *Herr des Schiffes* aber, der *Schiffspatron*, *nauclerus* (ναύκληρος, *Plaut.*, auch Titel einer Komödie des *Caecilius*) mit seinem Anzuge: *ornatus nauclericus*, ferner *nauarchus* (ναύαρχος), der *Schiffskapitän (Cic.)*, sowie *epibata* (ἐπιβάτης), der *Seesoldat (Auct. b. Alex.)*, sind ebenso Fremdwörter geblieben und werden nur von griechischen Verhältnissen gebraucht, wie das gleich zu nennende *celeu(s)ma*: für die eben genannten Wörter brauchte der Römer für gewöhnlich *navicularius*, *magister navis* und *classiarius*. Anders dürfen wir schon *trierarchus* (τριήραρχος), *den Befehlshaber der dreirudrigen Galeere (Cic.)*, auffassen, noch mehr aber das Lehnwort *gubernatio* (von *gubernare* aus κυβερνᾶν),

ciscimur, quod suffixum '-ta' in latina lingua non occurrit, nisi in femininis 'nota', 'planta', 'senecta': quae vero masculina in -ta inveniuntur, e graeca lingua tralata sunt, 'poeta', 'pirata', 'athleta'; quo tempore et *cautio* et *caritio* in usu erant, falsa analogia e 'nauta' natum est ad navis similitudinem '*nari-ta*'. — Sine dubio ut cavitio, brevima, etiam 'navita' abiectum esset, nisi poetae dactylici in suum sermonem recepissent, cum spondiacis quidem, sed non dactylicis vocabulis latina lingua abundaret." — Bei dieser Gelegenheit aber sei gleichzeitig ein Irrtum desselben Verfassers berichtigt: S. 638 nämlich hält er *stega* trotz *Corssen Vok. I, 452, 53* noch für entlehnt aus στέγη. Die Entlehnung trifft nicht zu, vgl. *Curt. Grz. 158* und *Vanič. Wb. 1143*. —

welches sowohl die *Handhabung des Steuers beim Schiffe* (*Nic.*) als auch übertragen bei der *Regierung* bedeutet.

Während die Vorfahren noch echt lateinisch vom *hortator* sprachen, bringt uns die spätere Zeit (*Sen.*) schon den *pausarius*, den *Rudermeister*, dessen Kommando beim Rudern *celeuma* oder *celeusma* (κέλευμα, *Mart.*, vgl. oben) hieß; das Rudern ging im bestimmten Takt; das vor- und nachklassische Wort *pausa* (παῦσις) bezeichnet das jeweilige *Aufhören* (*Plaut.*), dann überhaupt das *Ende*. Dasselbe etwa wie *pausarius* bedeutet *toecharchus* (τοίχαρχος), nämlich den *Vorgesetzten der Ruderer* (*Hygin.*); endlich sei noch der Schiffszieher erwähnt, *helciarius* (*Mart.*, von *helcium* [ἕλκω], Halsjoch, *Appul.*), welcher die kleinen Schiffe stromaufwärts zieht, ohne daß wir zu fürchten brauchen, er möge der Vorgänger jenes Hebelschen Handwerksburschen werden, dem für seine gleiche Thätigkeit sogar noch das *Fährgeld* oder der *Schiffslohn*, *naulum* (*lw.*, ναῦλον), abverlangt wurde. —

So haben wir die Schiffahrt der Römer verfolgt, inwieweit sie mit ihrer Verschiedenheit der Fahrzeuge, Ausrüstung und Bemannung den Griechen nachgebildet ist; es erübrigt noch, in Kürze über jenes Element zu sprechen, welches die Segel blähte und das Schiff, wenn auch weniger das durch Ruder bewegte Kriegs- als vielmehr das Kauffahrteischiff, vorwärts trieb.

Wir geben im folgenden eine Übersicht der Benennungen der verschiedenen Luftströmungen, also ein Verzeichnis der

Winde.

Mommsen macht in seiner Römischen Geschichte (*I, 197 dom.*) die einleuchtende Bemerkung:

„Die alten vier Hauptwinde —

aquilo, der Adlerwind, die nordöstliche Tramontana;

volturnus (unsicherer Ableitung, vielleicht *der Geierwind*), *der Südost;*

auster, der *austörrende Südwestwind*, der Scirocco;

favonius, *der günstige*, vom Tyrrhenischen Meer herwehende *Nordwestwind* —

haben einheimische, nicht auf Schiffahrt bezügliche Namen; alle übrigen lateinischen Windnamen aber sind griechisch (wie *eurus*, *notus*) oder aus griechischen übersetzt (z. B. *solanus* = ἀπηλιώτης, *Africus* = λίψ)."

Schon sehr früh nahmen die Römer mit dem Wort aer (ἀήρ, schon bei *Plaut.*) den Begriff der *unteren Luftschicht*, der *Atmosphäre* von den Griechen an; mit *aer* bezeichneten sie die sie umgebende *Luft* — vgl. *aerius* (ἀέριος), *in der Luft befindlich (Lucr.)* und *aerinus* (ἀέρινος), *luftig (Varr.)* —, zu welcher *aether* (αἰθήρ), *die obere, feinere Luft, der Äther (Enn.)* und *aqua, das Wasser*, im Gegensatze stehen. Ebenso muß auch *aura*[1]) (αὔρα), *der strömende Lufthauch (Enn.)* schon früh eingedrungen sein.

Belehrend ist für unsere Frage zunächst das 16. Kapitel im V. Buche der *Natur. Quaest. L. Annaei Senecae:*

„Sed ut ad id, de quo agitur, revertar, venti quattuor sunt, in ortum, occasum, meridiem, septentrionemque divisi. Ceteri, quos variis nominibus appellamus, his applicantur:

> Eurus ad auroram Nabathaeaque regna recessit,
> Perfidaque, et radiis iuga subdita matutinis.
> Vesper et occiduo quae litora sole tepescunt,
> Proxima sunt Zephyro. Scythiam septemque triones
> Horrifer invasit Boreas. Contraria tellus
> Nubibus assiduis pluvioque madescit ab Austro.

---

1) Vgl. *Tens. italogr. s. r.* —

Vel, si brevius illos complecti mavis, in unam tempestatem (quod fieri nullo modo potest) congregentur:

Una Eurusque Notusque ruunt, creberque procellis
Africus: — — — —

et qui locum in illa rixa non habuit, Aquilo. Quidam illos duodecim faciunt; quattuor enim caeli partes in ternas dividunt et singulis ventis binos suffectos dant. Hac arte Varro, vir diligens, illos ordinat: nec sine causa. Non enim eodem semper loco sol oritur aut occidit. Sed alius est ortus occasusque aequinoctialis (bis autem aequinoctium est): alius solstitialis, alius hibernus. Qui surgit ab oriente aequinoctiali, subsolanus apud nos dicitur: Graeci illum ἀπηλιώτην vocant. Ab oriente hiberno Eurus exit: quem nostri vocavere Vulturnum. Et Livius hoc illum nomine appellat, in illa pugna Romanis parum prospera, in qua Hannibal et contra solem orientem exercitum nostrum et contra ventum constituit: cum venti adiutorio ac fulgoris praestringentis oculos hostium vicit. Varro quoque hoc nomen usurpat. Sed et Eurus iam civitate donatus est et nostro sermoni non tanquam alienus intervenit. Ab oriente solstitiali excitatum, Graeci Καικίαν appellant; apud nos sine nomine est. Aequinoctialis occidens Favonium mittit, quem Zephyrum esse dicent tibi, etiam qui Graece nesciunt loqui. A solstitiali occidente Corus venit, qui apud quosdam Argestes dicitur. Mihi non videtur, quia Cori violenta vis est et in unam partem rapax; Argestes fere mollis est et tam euntibus communis quam redeuntibus. Ab occidente hiberno Africus furibundus et ruens apud Graecos λίψ dicitur. A septentrionali latere summus est Aquilo, medius Septentrio, imus Thraecias. Huic deest apud nos vocabulum. A meridiano axe Euronotus est; deinde

Notus, Latine Auster, deinde Libonotus, qui apud nos sine nomine est." —

Eine zweite wichtige Stelle findet sich in des *C. Plinii Secundi Nat. Hist. II, 119 sqq.*:

„Sunt ergo bini in quattuor caeli partibus, ab oriente aequinoctiali Subsolanus, ab oriente brumali Volturnus. Illum Apelioten, hunc Graeci Eurum appellant. A meridie Auster et ab occasu brumali Africus. Notum et Liba nominant. Ab occasu aequinoctiali Favonius, ab occasu solstitiali Corus. Zephyrum et Argesten vocant. A septentrionibus Septentrio, interque eum et exortum solstitialem Aquilo, Aparctias et Boreas dicti. Numerosior ratio quattuor his intericerat, Thrascian media regione inter Septentrionem et occasum solstitialem, itemque Caecian media inter Aquilonem et exortum aequinoctialem ab ortu solstitiali, Phoenica media regione inter ortum brumalem et meridiem, item inter Liba et Notum compositum ex utroque medium inter meridiem et hibernum occidentem Libonotum. Nec finis. Alii quippe Mesen nomine etiamnum addidere inter Borean et Caecian, et inter Eurum Notumque Euronotum. Sunt enim quidam peculiares quibusque gentibus venti, non ultra certum procedentes tractum, ut Atheniensibus Sciron, paullo ab Argeste deflexus, reliquae Graeciae ignotus. Aliubi flatus idem Olympias vocatur. Consuetudo omnibus his nominibus Argesten intellegi. Et Caecian aliqui vocant Hellespontian, et eosdem alii aliter." —

Da ist also zunächst der *grimme Nordwind, boreas* (βορέας, *Nep.* und *Verg.); was sich über diesen hinaus befand,* hieß *Hyperboreus,* daher das fabelhafte Volk der *Hyperborei* (Ὑπερβόρε[ι]οι), dessen Wohnsitze man in den äußersten Norden (den die Griechen nach frühester Erdkunde in Thrakien annahmen) setzte *(Cic.* und *Verg.).*

Regen und Sturm brachte der *Südwind* *notus* (νότος, *Verg.*), dessen Synonymität mit *auster* schon erwähnt ist; der *Südostwind*, genauer *Südost-Drittel-Südwind* ist *eurus* (εὖρος, *Verg.*), während *zephyrus* (ζέφυρος) poetisch überhaupt den *Wind* (*Verg.*), sonst aber den *Westwind* (schon bei *Lucr.*) bezeichnet, welcher in Italien sanft und lau wehte, daher unter seinem Hauche beim Anfang des Frühlings der Schnee schmolz: daß dieser dem rein lat. *favonius* entspricht, sahen wir gleichfalls schon oben. Der *Westsüdwestwind* aber ist *argestes* (ἀργέστης, zuerst bei *Vitr.*); es folgt der libs (λίψ, vgl. oben *Sen.*), welcher dieselbe Bedeutung hat. Von ihm haben der italienische *libeccio* und der spanische *lebeche* noch heute ihren Namen, während die echt lateinische Bezeichnung dafür, *Africus* (*Cic.* und *Liv.*), noch jetzt bei den Italienern *Affrico* oder *ghiberno* ist; für alle, welche diesseit des mittelländischen Meeres wohnen, war dieser *Westsüdwest* ein von der Winterabendseite über das Meer kommender stürmischer Regenwind. Mit *notus* verbunden ergiebt er den *Südwest-Drittel-Südwind*, libonotus (λιβόνοτος, *Vitr.*, echt lat. *austroafricus*), während leuconotus (λευκόνοτος, *Vitr.*) den hellen, trocknen *Süd(südwest)wind*, euronotus aber (εὐρόνοτος, *Col.*) den *Südsüdostwind* bedeutet. Ferner sind hier noch zu nennen: + *eurouquilo* (*Vulgata* act. apost. 27, 14), der *Nordostwind*, + *euroauster* (*Isid.* or. 13, 11, = *euronotus*), *euroborus* (*Veg. mil.* 4, 38. p. 154, 10 *L.*, = caecias, χαιχίας, also) der *Ostnordost* und + *eurocircius* (*Vitr.* 1, 6, 10) der *Südost-Drittel-Ostwind*.

Es blieben noch der *Nordnordwest*, thrascias (θρασκίας, *Vitr.*) sowie der mit *solanus* auch übersetzte *Ostwind* ap(h)eliotes (ἀπηλιώτης, *Catull.*) Prodromi (πρόδρομοι, *Cic.*) hießen die *Passatwinde*, welche acht Tage vor Anfang des Sirius wehten; die jährlich nach Aufgang des Hundssterns mehrere Wochen hindurch wehenden *Nordostwinde* sowie überhaupt die nur zu bestimmten Zeiten des Jahres herrschenden *Passatwinde* hießen *etesiae* (ἐτησίαι, *Cic.*). Der *feurige Wirbelwind, prester (Lucr.*, πρηστήρ), mochte im Verein mit *typhon* (τυφών, *Plin.*), der vom Wirbelwind emporgehobenen *Wasserhose*, schrecklich wüten; auf der anderen Seite flehte der Schiffer, wenn völlige *Wind- und Meeresstille, malacia* (μαλαxία, *Caes.*) herrschte, zum *Juppiter imperator* in der Eigenschaft des *Urios (Cic.*, οὔριος), des *Verleihers des guten Fahrwindes*. Wehte dieser aber dann für die Rückfahrt von Epirus nach Italien aus der epirotischen Hafenstadt *Onchesmos* (Kerkyra gegenüber in der epirotischen Landschaft Chaonia), so hieß derselbe mit Recht *Onchesmites* (Ὀγχησμίτης), wie *Cicero* an *Atticus* schreibt *(VII, 2, in.)*:

„*Scr. Brundisii exeunte mense Novembri a. u. c. DCCIV.*

CICERO ATTICO SAL.

Brundisium venimus VII. Kalend. Decembr. usi tua felicitate navigandi; ita belle nobis

flavit ab Epiro lenissumus Onchesmites.

Hunc σπονδειάζοντα *si cui voles* τῶν νεωτέρων *pro tuo vendito.*“

Schließlich sei auch noch der *tropaei venti* (τροπαῖοι, *Plin.*), *der vom Meer nach dem Lande zurückkehrenden Winde*, gedacht, denen wir uns anvertrauen wollen, um von der *Schiffahrt* zum *Handel* überzugehen. —

Wir schließen dieses Kapitel mit den geistvollen Worten Hehns: [1])

„Wie stationär die mechanischen Künste bei den Römern blieben, und wie fern ihnen die Natur als Objekt verständiger Forschung lag, lehrt insbesondere

---

[1]) Kulturpflanzen und Haustiere in ihrem Übergang aus Asien nach Griechenland und Italien sowie in das übrige Europa. Historisch-linguistische Skizzen von Viktor Hehn. 3. Aufl. 1877, S. 426 f. —

die Geschichte der römischen Seefahrt und des römischen Ackerbaus. Umfang und Grenzen des großen Reiches boten Anlaß genug, sich auf der hohen See zu versuchen. Die Weltherrscher waren in Besitz der iberischen, lusitanischen und mauritanischen Küsten, aber die nahe gelegenen Kanarischen Inseln mußte Plinius nach den Aufzeichnungen des Königs Juba beschreiben: römischen Schiffern oder Handelsleuten war es nicht eingefallen, sich so weit zu wagen. Die Insel Hibernia, an der vielleicht schon Pytheas drei Jahrhunderte vor Chr. gelandet war, blieb den Römern wie im Halbnebel zur Seite liegen; sie verbarg sich hinter dem schwierigen Biscayischen Meerbusen und dem stürmischen, klippenreichen irisch-englischen Kanal. Die römischen Schiffe waren und blieben Küstenfahrer, die mit herannahendem Winter die Häfen aufsuchten und die umbrausten Vorgebirge fürchteten. Winde, Wellen und Jahreszeiten wurden mythisch angeschaut: der Schnabel des Schiffes war zierlich und künstlerisch geschnitzt, das Schiff selbst aber unvollkommen konstruiert. Vom Roten Meer ging ein alter lebhafter Handelsverkehr nach Indien, und Strabo erfuhr, daß aus dem dortigen Hafen Μυὸς Ὅρμος;[1]) jährlich 120 Schiffe nach diesem Lande ausliefen: aber weder das indische Zahlensystem, noch die Magnetnadel gelangte von dort in den römischen Westen, der, in den eigenen engen Kreis gebannt, gegen das Neue unempfindlich war und vom Orient nicht, wie später in der Epoche der Araber, Bereicherung und Anregung erfuhr. Nach Nordosten, am Pontus Euxinus, stand es wie am Roten Meer.

---

1) 1 ι. 709, μυς, Miesmuschel oder Venusmuschel, darum hieß der Ort auch Ἀφροδίτης ὅρμος, eine Seestadt Oberägyptens am gleichnamigen Vorgebirge, s. Mel 3, 8, 7, jetzt Ruinen beim Dorfe Abuschaar. An (Αρ) p. mer. Erythr. 1, 19, Strab. 2, 118. 16, 781—17, s. Pl. 4, 5, 11, 8, 15, 18, Jub. ap. Plin. 6, 29, 33 (Mycohormos). —

Die Römer besaßen eine Anzahl befestigter Plätze an den Ufern des Pontus, aber der Handel, der über jene Gegenden ging, lag in den Händen der Asiaten, und die Geographie des Kaspischen Meeres erfuhr keinerlei Fortschritt. Wie ganz anders thätig bewiesen sich dort im Mittelalter die Genuesen, Bürger einer kleinen Stadt, denen nicht, wie dem *civis Romanus*, die Furcht und das Ansehen des römischen Namens schützend zur Seite stand. Als sie sich in der Krim festgesetzt hatten, da befuhren sie auch mit eigenen Schiffen das Kaspische Meer, und ihre Kaufleute waren zahlreich in Tauris in Persien angesessen — und so fand sie ein anderer Italiener, der Venetianer Marco Polo, als er dort vorbeikam, um den ganzen ungeheuren Welttheil zu durchziehen und diesen dann, als der Herodot des Mittelalters, zu beschreiben. Zu dem Einen wie zu dem Andern fehlte dem Römer der offene Sinn für die fremde Welt: wo er nicht mehr erobern und die von ihm geschaffenen politischen, socialen, rechtlichen und militärischen Formen in regelmäßigen Linien wie ein festes Mauerwerk hinstellen konnte, da lockte ihn kein Begehr, da war die Luft nicht mehr, in der er atmete und lebte." —

Kapitel II.

Der Handel.

> *C. Suetoni Tranq. de vita Caesarum lib. III. Tiberius (72):*
> "Sermone Graeco quamquam alioqui promptus et facilis, non tamen usque quaque usus est abstinuitque maxime in senatu; adeo quidem, ut monopolium [1]) nominaturus veniam prius postularet, quod sibi verbo peregrino utendum esset; atque etiam cum in quodam decreto patrum ἐμ-βλημα recitaretur, commutandam censuit vocem, et pro peregrina nostratem requirendam aut si non reperiretur, vel pluribus et per ambitum verborum rem enuntiandam. Militem quoque, Graece testimonium interrogatum, nisi Latine respondere vetuit."

Wir haben im vorigen Kapitel gesehen, wie wenig Sinn die Römer ursprünglich für die Schiffahrt besaßen. Der Umstand aber, daß sie die fremde Seemacht, wenn sie ihrer Herr wurden, immer nur zerstörten und nicht auf sich selbst übertrugen, beweist gleichzeitig, daß ihr damaliger Seehandel weder von großem Umfange noch überhaupt von großer Bedeutung war.

[1] Den ambitus verborum hat bei der Erklärung dieses μονοπώλιον übrigens auch das Forcellinische Wörterbuch angewandt: 'monopolium dicitur, cum penes unum aliquem speciei alicuius vendendae potestas est, quod fit, cum unus solus aliquid genus mercis universum emit, ut solus vendat, pretium suo modo statuere; a μόνος, solus, et πωλῶ, vendo.' —

Allerdings erzählt uns *Livius (21, 63),*[1] daß der römische Adel einen Großhandel zur See getrieben hat:

„Q. Claudius tribunus plebis legem tulit adversus senatum, ne quis senator maritimam navem, quae plus quam trecentarum amphorarum esset, haberet. Id satis habitum ad fructus ex agris vectandos; quaestus omnis patribus indecorus visus, res per summam contentionem acta invidia apud nobilitatem suasori legis Flaminio favorem apud plebem peperit."

Dabei ist es höchst interessant, die öffentliche Meinung der alten Römer über den Handel überhaupt zu vernehmen, welche sich am klarsten bei *Cicero* findet *(off. I, 42, 151):*

„Mercatura autem, si tenuis est, sordida putanda est; sin magna et copiosa, multa undique adportans multisque sine vanitate impertiens, non est admodum vituperanda, atque etiam, si satiata quaestu vel contenta potius, ut saepe ex alto in portum, ex ipso portu se in agros possessionesque contulit, videtur iure optimo posse laudari."

Das mag denn auch der Grundsatz des alten *Cato* gewesen sein, wie uns *Plutarch (21)* erzählt; so strenge er gegen Luxus und Wucher selbst geeifert und gewirkt hat, so steckte er doch wie jeder andere Römer einen Teil seines Vermögens in Viehzucht und Handelsunternehmungen. Aber es war nicht seine Art, geradezu die Gesetze zu verletzen; er hat weder in Staatspachtungen spekuliert, was er als Senator nicht durfte, noch Zinsgeschäfte betrieben. Man thut ihm wohl unrecht, wenn man ihm in letzterer Beziehung eine von seiner Theorie abweichende Praxis vorwirft: das Seedarlehn, mit dem er sich allerdings abgab, war vor dem Gesetz kein verbotener

---

1) Vgl. Schwegler R. G. II, 211. —

Zinnbetrieb und gehörte auch der Sache nach wesentlich zu den Reederei- und Befrachtungsgeschäften.[1] — Handelsbeziehungen waren jedenfalls schon auf den altitalischen Messen unterhalten worden, von welchen die bedeutendste am *Soracte* im Haine der *Feronia* abgehalten wurde; diesen ältesten binnenländischen Verkehr, welcher sich mit dem Austausch von Getreide, Vieh, Sklaven, Metallen u. Ähnl. beschäftigte, fanden die ersten phönikischen und griechischen Schiffe in Latium vor. Daraus, daß man längere Zeit die fremden Manufakte fertig kaufte, ehe man sie nachzuahmen begann, besonders aber aus den Anregungen, welche das italische Gewerbe empfing, können wir die Natur der ältesten Einfuhrartikel wenigstens einigermaßen bestimmen. Es muß an anderer Stelle abgehandelt werden, inwieweit die italischen Walker, Färber, Gerber und Töpfer von Griechenland aus oder auch von Phönikien beeinflußt worden sind. Mit Sicherheit aber kann angenommen werden, daß die Produkte der Goldschmiedekunst erst durch den überseeischen Handel nach Italien gelangt sind, wie dies die ältesten Gräberfunde bestätigen.

Das Älteste Italien bezog so gut wie das kaiserliche Rom seine Luxuswaren aus dem Osten, bevor es nach den von dort empfangenen Mustern selbst zu fabricieren verstand; zum Austausch aber hatte es nichts zu bieten als seine Rohprodukte, also vor allen Dingen sein Kupfer, Silber und Eisen, dann Sklaven und Schiffsbauholz, den Bernstein von der Ostsee und, wenn etwa im Ausland Mißerate eingetreten war, seine Getreide.[2] Aus dieser

---

[1] Mommsen R. G. I, 182; vgl. ebend. I, 197. 443 ff. 848, 840. II. 53 Z. 1 ff. 169 168, 342 ff. —

[2] Nur in der ältesten Zeit, denn der römische Ackerbau gab die reichen Seefahrt; auch in ihm regte sich kein Trieb der Entwickelung. Die Werkzeuge waren und blieben die durch Überlieferung gegebenen unvollkommenen, die Methoden die hergebrachten, bestanden nur, neue ebenso unwissenschaftliche vermehrt, die ein

allerältesten Zeit sind uns begreiflicherweise nur sehr wenige entlehnte *notae rerum* überliefert worden; von solchen uralten Lehnwörtern dürfen wir für den eigentlichen Handel höchstens *arrhabo* (*Plaut.*, ἀρραβών, *Aufgeld*) [1]) und *statera* (vom Acc. στατῆρα, im Griechischen *Gewicht jeglicher Art*, besonders *Münze*, im Lateinischen die *Wage*, zuerst bei *Varr.* [ap. Non.] und *Cic.* belegt, während *stater* = στατήρ erst bei *Hieron.* erscheint) in Anspruch nehmen, wozu dann wohl allenfalls noch *epistula* (ἐπιστολή, der *Brief*, *Plaut.*) und *tessera* (τέσσαρα, der *Würfel*, die *Marke*, *Plaut.*) gerechnet werden dürften. [2])

Der späteren Epoche der Einigung Italiens gehören die sicilisch-latinischen, etruskisch-attischen und adriatisch-tarentinischen Handelsbeziehungen so recht eigentlich an. In erster Linie kommen hier die *Münzen* [3]) in Betracht; mit der Zeit der Vertreibung der Tarquinier fällt sodann wohl auch der Anfang jener Einfuhr zusammen, welche gemaltes Thongeschirr aus Attika, Kerkyra und Sicilien nach Lucanien, Campanien und Etrurien brachte, um dort zur Ausschmückung der Grabgemächer zu dienen. Freilich Samnium und

Gemisch von bloß praktischen, wirklichen oder vermeintlichen Erfahrungen und abergläubischer Phantastik darstellten. Düngung und Fruchtwechsel waren bekannt, aber nicht nach Gebühr gewürdigt und nicht in ihren Konsequenzen entwickelt. Der Boden versagte zuletzt, Äcker verwandelten sich in Weidegrund, Hungersnot war häufig und Getreidezufuhr eine Hauptsorge der Regierung; Italien trug durchschnittlich nur das vierte Korn (Dureau de la Malle, Économie politique des Romains. II, p. 121 suiv.). Der eigentliche Grund des steigenden Mißerfolgs lag in der Höhe der Arbeitskosten, diese aber beruhten in dem volkswirtschaftlich-technischen Ungeschick und der Gleichgültigkeit gegen reelle Naturkenntnis. (Hahn, Kulturpfl. etc. 427 f.). —

1) Italograeca I, S. 26 f. —
2) Wegen der von Mommsen (R. G. I, 196) gegebenen Übersicht uralter Lehnwörter vgl. Italograeca I, 31, 2 und 37 ff. —
3) S. unten Kap. III. —

Latium enthalten sich in schlichter Weise dieser zu barbarischer Verschwendung ausartenden Gräberpracht: römische Polizei, unterstützt von römischer Sittlichkeit, ließ solche Halbkultur nicht zu, wie sie auch im Zwölftafelgesetz purpurne Bahrtücher und die Mitgift des Goldschmuckes in die Gruft ebensowenig gestattet als silbernes Gerät, mit Ausnahme des Salzfasses und der Opferschale.

Daß in der Folgezeit bis zur Unterwerfung Karthagos und der griechischen Staaten der überseeische Handel eine immer hervorragendere Rolle in der Volkswirtschaft spielte, zeigt uns die steigende Bedeutung der italischen Hafenzölle in der römischen Finanzwirtschaft; viel trug aber zu diesem Aufschwung noch die bevorrechtete Stellung bei, welche die herrschende italische Nation in den Provinzen einnahm, so unter anderem die vielfach den Römern und Latinern vertragsmäßig zustehende Zollfreiheit.

Wir haben im I. Heft [1]) der vorliegenden Untersuchungen bereits ausführlich auf die folgenreiche Wichtigkeit der alten Beziehungen der Stadt Cumae für Latium hingewiesen; auch das jüngere Neapolis stand in lebhaftem Verkehr mit Rom, da es ja unter anderem seine Flotte zu bundesmäßiger Kriegshülfe stellen mußte. Und in Neapolis sah es noch recht griechisch aus; durfte es doch als Kolonie und später als Municipium seine griechische Sprache und Sitte und seine, dem athenischen Vorbilde entnommene Verfassung behalten. [2])

Aber während es sich zur Küstenwacht in der Umgegend und zur Stellung einiger Kriegsschiffe genötigt sah, erließ Rom ihm den Dienst im römischen Landheere. Dieser klugen Schonung verdankte Neapel seinen fort-

---

1) S. 13 ff. —
2) Liv. 8, 16. — Cic. Balb. 14. Id. div. 13, 30. Id. agr. 2, 31. — Strabo 5, 246. —

dauernd griechischen Charakter, von dem noch *Strabo* [1]) berichtet:

„Es haben sich sehr viele Spuren hellenischer Lebensweise hier erhalten, Gymnasien, Übungsplätze der Epheben und hellenische Geschlechtsgenossenschaften und Namen, obgleich sie Römer sind. Noch jetzt wird alle fünf Jahre ein künstlerischer und gymnastischer Wettkampf abgehalten, der mit den berühmtesten in Hellas wetteifert und mehrere Tage dauert."

Gehen wir weiter nach Süden, so stoßen wir auf den schon mehrfach betonten Handelsverkehr, welchen Sicilien mit Rom pflog; [2]) besonders nah wurde das Verhältnis zu Syrakus, als Hieron die Regierung erlangte. Diese, vor allem für Karthago sehr bedenkliche Annäherung fand unmittelbar nach dem Ende des Pyrrhischen Krieges, wir dürfen wohl sagen, unter dem Eindrucke des Endes desselben statt: eines Endes, welches den schlau berechnenden Tyrannen zum engsten Bündnis bewog.

Auch die Berührungspunkte mit Korinth und Kerkyra sind schon ausreichend gewürdigt worden [3]); noch nicht aber der bedeutende Einfluß, welchen Tarent [4]) nicht nur auf den ganzen Südosten Italiens, sondern überhaupt auf die ganze Halbinsel besessen hat. Gerade auf dem Landwege hat Tarent vielfach mit Apulien verkehrt; andererseits hat Rom trotz des ungestümen Vordringens seiner Sprache und Nationalität, wie es die Griechenstädte Rhegion, Neapolis und Lokroi als berechtigt anerkannte, auch an Tarents Selbständigkeit nicht gerührt. Dies war eine gewichtige Thatsache, denn die griechischen Städte

---

1) 5, 246. — Vgl. Tac. a. 15, 33. — Silius Ital. 8, 534. 12, 18. —
2) Vgl. hierfür und für das Folgende Momms. R. G. I, 136 f. 155 f. 200. 410 f. 417. 444. 446. II, 407. — Schwegler R. G. I, 682, 3. —
3) Italograeca I, S, 11 ff. —
4) Italograeca I, S. 19 f. —

Italiens blieben fortwährend in regem, geistigem Verkehr
mit Griechenland, Kleinasien und Ägypten; von ihnen
wiederum nahm auch Rom, wie wir ebenfalls an anderer
Stelle verfolgen werden, manche Errungenschaften auf dem
Gebiete der Kunst und Wissenschaft als Eigentum an.

Und gerade Tarent hatte die große Gunst seiner geographischen Lage von Anfang seines Bestehens an mit
Erfolg auszunutzen gewußt.[1]) Die Stadt lag an der
nördlichen Bucht des weiten nach ihr benannten Meer-
busens, — auf einem Punkte, wo eine Nehrung von
mäßiger Breite ein nach Art eines Haffes in das Festland
hineingedrungenes Stück des Meeres von der offenen See
fast gänzlich trennt. Die benachbarten Meeresstriche und
namentlich die Hafenbucht selbst waren überaus reich an
Fischen und nutzbaren Schaltieren, die im Altertum so
sehr geschätzte Purpurmuschel mit eingeschlossen. Die
Ausbeute der Fischerei, die Salzgewinnung, die Erzeugung
ausgezeichneten Weizens und guter Ölfrüchte ging Hand
in Hand mit der Produktion einer in der alten Welt
weithin berühmten Wolle, die von ebenso zahlreichen wie
sorgsam gepflegten Herden von Schafen edler Rasse gewonnen
wurde. Weiter aber beschäftigte die feine Verarbeitung
und Färbung dieser Wolle unzählige fleißige Hände, während auch die Metallarbeiter der Tarentiner einen großen
Ruf hatten. Diese zahlreichen und vortrefflichen einheimischen Produkte des Meeres, der Landwirtschaft und
der Gewerbthätigkeit gaben nun dem immer mehr sich
ausbreitenden Handelsverkehr der Tarentiner den rechten
Halt und die beste Kraft. Tarent war seit der Zerstörung von Sybaris (510 v. Chr.) und der später erfolgten
Schwächung der Krotoniaten durch die epizephyrischen

---

[1] Hertzberg, Rom und König Pyrrhos S. 18 ff. — Vgl. auch
Curtius Gr. G. I.

Lokrer die wichtigste der griechischen Kauf- und Arbeitsstädte in Italien geworden; und in den Zeiten seiner Berührungen mit der römischen Welt war Tarent der größte Ausfuhrhafen und der größte Handelsmarkt des ganzen südlichen Italiens, dessen Verkehrsbeziehungen nicht bloß nach Sicilien und den griechischen Mutterlanden reichten, sondern auch einen großen Teil des Adriatischen Meeres beherrschten, ja bis nach den Handelsplätzen der afrikanischen und kleinasiatischen Küsten sich erstreckten. Es ist daher wohl keinem Zweifel unterworfen, daß der **Purpur** den Römern von Tarent aus zugeführt worden ist; lange Zeit hindurch wohl die gefärbten Stoffe selbst, ehe man in Rom daran dachte, das Geschäft des Färbens selbst vorzunehmen.

Daß Rom ferner einen alten und unmittelbaren Handelsverkehr mit Karthago besaß, lehren uns die späteren Verträge; aber selbst wenn wir uns auf diese nicht zu berufen vermöchten, wären wir doch imstande, an der Hand der Sprachvergleichung bestimmte Beweise dafür zu liefern. Haben doch die Römer weder den Namen der Stadt *Karthago* (phönikisch *Karthada* = *Neustadt*, griechisch Καρχηδών, römisch *Cartago*) noch den Volksnamen der *Afrer* von den Griechen entlehnt; tyrische Waren waren bei den älteren Römern mit dem ebenfalls die griechische Vermittlung ausschließenden Namen der **sarranischen** bezeichnet worden. Sarranisch heißt aber bei den Römern seit alter Zeit der tyrische Purpur und die tyrische Flöte, und auch als Beiname ist Sarranus[1]) wenigstens seit dem Hannibalischen Kriege im

---

1) Der bei *Plautus* und *Ennius* vorkommende Stadtname Sarra ist wohl aus Sarranus, nicht unmittelbar aus dem einheimischen Namen *Sor* gebildet; vgl. *Enn. ap. Prob. Verg. G. 2, 506; Poenus Sarra oriundus*, und *Plautus Truc. 2, 6, 58: purpuram ex Sarra*

Gebrauch. Auch dürfte die griechische Form *Tyrus*,
Tyrius bei den Römern nicht vor *Afranius* (ap. Fest.
p. 355 M.) vorkommen.[1]) Nun hat Corssen[2]) treffend
nachgewiesen, daß in alter Zeit griechisches *υ* wie vor
anderen Lauten so vor *r* im Lateinischen durch *u* ausgedrückt wurde, wie dies die Namensformen *Marsuras*,
Nsargsras, *H(l)urii*, *H(l)uricum*, *Murtilis*, *Sura*,
Sarranus und das alteinheimische *purpura* bezeugen.
Damit ist der Lautübergang vom griechischen *υ* in *o* vor
folgendem *r* in die Zeit nach Terentius gerückt, wie in
dorus, und *ancora;* dem Wort *purpura* (πορφύρα)
aber ist eben dadurch ein sehr hohes Alter vindiciert.
wenngleich die älteste Belegstelle sich erst bei *Plautus*
findet. Bedenken wir noch, daß in jener Zeit der
ersten Aufnahme die fremden Sachen gleichzeitig die
fremden Namen mitbrachten, so dürfen wir für erwiesen
halten, daß Rom den Purpurstoff zuerst durch
griechische, speciell tarentinische Vermittlung kennen gelernt hat.

Oben sahen wir bereits, daß sich die *Wage* (mit und
ohne Schalen) frühzeitig mit den fremden Kaufleuten ein-
stellte; jünger wohl als *statera* ist *trutina*[3]) (τρυτάνη,
lat.), ursprünglich *das Züngelein an der Wage*, welche
der griechische Händler mit sich brachte. Zur besseren
Anschaulichkeit des alles durchdringenden griechischen Einflusses geben wir in den folgenden Zeilen ein Sittenbild
aus *Plautus'* Zeit, indem wir nur von ihm gebrauchte

Sarranus selbst ist erst durch *Donat. inser. Ter. Ad.*
belegt. -
1) Vgl. Movers Phön. 2, 1, 174. — Mommsen. R. G. I 143 f. 842. —
2) Vokalism. II. 81. —
3) Hehn Kulturpfl. 533: „Das dunkle τρυτάνη, lat. *trutina* erklärt
sich aus dem slavischen *trüst*, *arundo*, wo das *s* regelrecht aus
dem *t* entstanden ist, und bedeutete also ursprünglich gleichfalls
Rohr.*

Wörter auswählen und kulturgeschichtlich zu verwerten suchen.

Trotz des *Wägens* und *Wiegens* konnte der arglose Käufer nicht immer vor *Schaden* und *Verlust* bewahrt werden, wie uns das dorische Wort *zamia* (ζαμία) belehrt, auch mochte beim *Geldwechsler, trapezita* [1]) (τραπεζίτης), noch mehr aber beim *Geldverleiher* und *Wucherer, danista* (δανειστής, rein lat. *faenerator;* außerdem das Adj. *danisticus* aus δανειστικός) sich zur Übervorteilung Gelegenheit bieten, es sei denn, daß der *schriftliche Kontrakt, syngraphus* (σύγγραφος), bindende Bedingungen für beide Teile stellte. Harmloser war jedenfalls das Geschäft des *Aufkäufers* oder *Hökers, propola* (προπώλης), dem im schlimmsten Falle der *Marktvorsteher, agoranomus* (ἀγορανόμος) mit dem 'Prison', *phylaca* (φυλακή) drohte: jedenfalls war der *Kerkermeister, phylacista* (φυλακιστής), eine gefürchtete Persönlichkeit, da *Plautus* mit diesem Häschernamen den *lauernden Gläubiger* bezeichnet.

Ist nun auch in der eben gegebenen Schilderung, soweit sie Plautinische Bildungen anlangt, sorgfältig zu berücksichtigen, daß der Dichter in seinen Komödien in griechisch gefärbter Redeweise spricht, mithin die meisten der erwähnten Wörter dem römischen Volke für das tägliche Leben nicht in Fleisch und Blut übergegangen waren, so bleibt doch auf der anderen Seite zu erwägen, daß auch der gemeine Mann den halbgriechisch redenden Dichter auch hier wohl zu verstehen instande war. [2])

---

[1]) Über die Formen *tarpessita, trapessita* etc. s. Ind. graec. vocab. 82, 18; lateinisch hieß er *mensarius.* —

[2]) Von solchen hierhergehörigen Plautinismen seien noch kurz angeführt:
sucophanta, der gewinnsüchtige Ankläger, Ränkeschmied, Betrüger;
sucophantia, die Betrügerei; *sucophantiose*, betrügerisch; *halagora*, der Salzmarkt *(zweifelhaft);* *halophanta*

Ein Anderes ist es zu *Ciceros* Zeit, wo dieser vielgewandte Sachwalter von dem *Aufgeld* oder *Agio, collabus* (κόλλυβος), spricht, von der *hypotheca* (ὑποθήκη), der nur bei unbeweglichen Gütern so genannten *Unterpfande*, von der *Handschrift* oder *Wechselobligation, syngrapha* (συγγραφή) oder *chirographum* (χειρόγραφον), für welche der Halsabschneider jener Zeit, der *wucherische Zinsnehmer, tocullio* (von τόκος, der Gewinn von ausgeliehenem Gelde), den hohen *Zins auf Zins, anatocismus*[1]) (ἀνατοκισμός), nimmt. Und damit dieser Sache der Humor auch nicht abgehe, spricht *Varro* vom *quaestus trichinus*, dem eigentlich *härenen Erwerbe*, der *haardünn* nur, also *spärlich* genug ausfällt. Als Gespenst aller dunklen Ehrenmänner aber stand auch damals schon der *Staatsanwalt, aedicus* (ἔκδικος, rein lat. *cognitor civitatis*) im Hintergrunde, während es andererseits auch nicht an *rechtskundigen Männern, pragmatici* (πραγματικοί), mangelte, welche insbesondere mit der Prozeßordnung und den Rechtsgründen genau vertraut waren und dieselben den Rednern und Sachwaltern an die Hand geben konnten. —

Den *Stapelplatz der Waren*, gleichzeitig den *Tummelplatz der Großhändler*, nennen *Plautus* und *Naevius* schon

(scherzhaft nach *sucophanta* gebildet), der Schurke, Halunke;
Ireptus (*wohl unecht*), der Dieb;] sodann die scherzhaft gebildeten Namen:
Thesaurochrysonicochrysides, Goldschatzkrallenhämsterlein; *Chirucus*, Standfest; + *Callabus* (v. hibr.), Großsau; *Polyplusius*, Sehrreich.
Diesen Wörtern lassen sich aus späterer Zeit an die Seite stellen: *Pantolabus*, der alles nehmende Schnapphahn, und *Zaplutus* (*Ζάπλουτος* Bächeler), der Steinreiche. —

1) Cic. ad Att. 5, 21, 6, 1 sqq. — usurarum usurae; die nicht gezahlten Jahreszinsen wurden zum Kapital geschlagen, was früher gestattet war, bis es unter den Kaisern mehrmals beschränkt, von Justinian aber ganz verboten wurde. —

emporium (ἐμπόριον), und im Jahre 561 *(193 v. Chr.)* legten die Ädilen M. Aemilius Lepidus und L. Aemilius Paullus ein solches auf dem Aventinus an. Ebenso findet sich *vorklassisch* bei *Plautus* und *nachklassisch* bei *Ausonius* der *Grofshändler*, *emporus* (ἔμπορος), während ersterer noch von der *Warenausfuhr* und ihrem *Transport*, *exagoga* (ἐξαγωγή) zu reden weiß.

Vom *Monopol* war auch schon zur römischen Kaiserzeit die Rede, wir dürfen hier auf das Motto eingangs dieses Kapitels verweisen. Vergessen dürfen wir aber nicht die *emporetica charta*[1]), das *Packpapier* (ἐμπορητικὸς χάρτης), von welchem wir jedoch annehmen dürfen, daß es noch nicht ganz so wohlfeil war, als heutzutage in unserem, so buchstäblich 'papierenen Zeitalter'.

Im Hafen von Ostia am linken Tiberarme mußte schon früh ein reges Leben herrschen; dort wurde die römische Einfuhr in Empfang genommen, die Ausfuhr eifrig eingeladen. *Lastträger* von unermüdlicher Kraft, *p(h)alangarii*[2]) (von φαλάγγη, *Walze*) genannt, schleppten alle fremden Luxusgegenstände aus den Kauffahrteischiffen zusammen: leckere Speisen und Getränke des Auslandes, kostbare Stoffe und Schmuck, Bücher, Hausgerät und Kunstwerke, deren Preis sogar das Treiben an der römischen Börse auf dem Forum am Tempel der Kastoren wohl zu beeinflussen vermochte. —

Wir schließen dieses Kapitel, indem wir einen zur Sache gehörig erscheinenden Exkurs über das Reisen anknüpfen.

---

1) Plin. 13, 76: nam emporetica inutilis scribendo involucris chartarum segestriumque mercibus usum praebet, ideo a mercatoribus cognominata.

1) Henzen 5089, ap. Non. p. 163, 26: palangarios dicimus, qui aliquid oneris fustibus transvehunt. Vgl. Marqu Handb. V B. 18. —

Exkurs:

Das Reisen.

Ego nolo Florus esse,
Ambulare per tabernas,
Latitare per popinas,
Culices[1]) pati rotundos.
     Spartian. Hadrian. 16.

..... λιμένας, ἀρτοπώλια,
πορνεῖ', ἀναπαύλας, ἐκτροπάς, κρήνας, ὁδούς,
πόλεις, διαίτας, πανδοκευτρίας, ὅπου
κόρεις ὀλίγιστοι.
     Ἀριστοφ. βάτρ. 112 κτλ.

Das treffliche Werk des gelehrten Wilhelm Adolf
Becker: 'Gallus oder römische Scenen aus der Zeit
Augusts' ist in diesem Jahre zum ersten Male wieder vollständig geworden, seit Rein zuletzt eine Neuherausgabe
veranstaltet hatte. Hermann Göll hat mit kundiger Hand
das längst vergriffene Buch, ebenso den 'Charikles', wieder
zugänglich gemacht und sich damit zu seinen bisherigen
Verdiensten um die klassische Altertumskunde ein neues
erworben. Im III. Teile des 'Gallus' finden sich zwei
treffliche Exkurse zur 4. Scene, welche 'die Reise' der
Augusteischen Zeit behandeln; der erste hat 'die Lectica
und die Wagen' zum Gegenstand, während der zweite
über 'die Wirtshäuser' schätzbaren Aufschluß erteilt.
Desgleichen giebt Friedländer zu Anfang des
II. Bandes seiner 'Sittengeschichte' eine gediegene Abhandlung über 'die Reisen'.

[1]) Das Attribut *rotundos* scheint hier das noch weniger erfreuliche *obesos* zu fordern. —

Im ganzen genommen aber bietet für unseren Zweck gerade 'das Reisen' weniger Anlaß zu kulturgeschichtlichen Bemerkungen. Und ganz natürlich. Denn abgesehen von Einzelheiten ist dies ein Gebiet, auf welchem ein fremder Einfluß in früheren Zeiten darum so wenig gespürt werden kann, weil die Reisen, zunächst der Vornehmen und Großen, erst im Augusteischen Zeitalter zu größerer Bedeutung und weiterer Ausdehnung gelangten.

Freilich haben wir es gleich im Anfang mit einem Lehnwort zu thun, welches auf den unsicheren Verkehr der älteren Zeit schon ein grelles Schlaglicht wirft; es ist dies das Wort *latro*, aus dem griechischen λάτρις, welches nach Anecdota Graeca Bekkeri 1095 thessalisch für δοῦλος ist.[1]

Zuerst zwar erscheint der *latro* in ganz achtenswertem Sinne als *Mietssoldat* und *Söldner (Plaut.)*, ja, auch die dem griechischen δοῦλος entsprechende Bedeutung findet sich vor in dem *gedungenen Diener* oder *Trabanten (Enn.)*. Aber in der guten Sprache der klassischen Latinität ist dieser *Trabant* und *Söldner* zum *räuberischen Wegelagerer* und *buschkleppernden Banditen* herabgesunken *(Cic.)*. Es ist ein eigen Ding, daß die unsicheren Schluchten der Abruzzen und, glaubwürdigen Berichten zufolge, fast das ganze Innere von Sicilien heutzutage noch jene Briganten beherbergen, deren Urahnen schon vor der Kaiserzeit die Furcht und der Schrecken ihrer Umgebung waren.[2] Und wie heute, so nützten auch damals alle Strafen und Drohungen herzlich wenig; Konsuln und Prätoren ließen die frechen Räuber hinrichten, — wenn sie derselben hatten habhaft werden konnten, was oft genug ebenfalls zu jenen Zeiten nicht

---

1) Athen. VI, 264 c. —
2) Vgl. Friedl. Sitteng. II², 29.

der Fall sein möchte. Schon Sulla setzte die Straßenräuber in der *lex Cornelia de sicariis* in die Kategorie der Mörder, was die ganze Kaiserzeit hindurch dauerte.

Jedenfalls möchte der friedliche Wanderer, der mit dem Ranzen, *pera* (πήρα, schon Plaut. braucht *peratim*, *perornatim*, ebenso *perula* [Truc. 2, 6, 54 *Spengel*], während *peru*[1]) selbst erst bei *Phaedr.* und *Mart.* beklagt erscheint), lustig im Trabe marschierte, *badissare* (*Plaut.*, βαδίζειν), unbehelligter davongekommen sein, als der wohlbegüterte Reisende, welcher die Maultiere[2]) vor den Wagen spannen läfst, *hamaxare* (*Plaut.*, von ἅμαξα, das scherzhafte *hamaxagoga*, der wie zu Wagen etwas ausführt, ist verdächtig), welchem leicht die Krümmung des Weges, *campe* (καμπή), die krummen Wege, *campae* (*Plaut.*), des Wegelagerers zum Verderben werden läßt. Die wohlgeordnete polizeiliche Kontrolle verlangt von dem Reisenden, mag er nun Rom zu Wasser oder zu Lande verlassen, den Reisepass, *syngraphus* (σύγγραφος, *Plaut.*); nicht zu verwechseln ist aber das *diploma* (δίπλωμα, *Cic.*), eine aus zwei zusammengelegten Blättern bestehende Urkunde, welche in früherer Zeit dem im Namen des Staates Reisenden *ad cursum publicum*[3]) gegeben wurde, damit er das zur Reise Nötige unterwegs schnell erhalte; also ein Geleitbrief. Nur so kennt Cicero dieses Wort, wäh-

---

[1]) Viel später finden sich *ascopera* (ἀσκοπήρα, Suet.), die *Ranzentasche*, auch der lederne Bettelsack, und *aerta* (ἀερτή, Acron. Horaz. und kilier. Dindot.), ein größeren Fellesen. —

[2]) Daß *mulus*, Maultier, aus μύχλος entlehnt ist, unterliegt keinem Zweifel mehr; vgl. Ind. gr. voc. S. 54, Anm. 5, wo besonders auf Ihnen. Kulturgesch. 417 und 515 Bezug genommen ist. Daß die Aufnahme des Wortes und Verwendung des Tieres schon frühzeitig stattgefunden haben muß, geht u. a. aus der sprichwörtlichen Verwertung bei Plautus (*Aul.* 4, 5, 21 und *Cas.* 4, 2, 12) hervor: *mulus in*...

[3]) Eine höchst dankenswerte Sammlung u. a. auch von Auf...des Postwesens seit den ältesten Zeiten

rend es in der Kaiserzeit jedes vom höchsten Magistrate ausgefertigte Schreiben zur Empfehlung, Beglaubigung oder Erteilung eines Vorteils oder Privilegs bedeutet.

Doch nicht zu Wagen [1]) bloß ging die Reise reicher und vornehmer Leute; ein Haupttransportmittel war die *Sänfte*. Dazu gab es eigene Träger, kräftige Sklaven, welche 8, 6 bis 2 an der Zahl, je nach der Größe der *lectica* und dem Range des Getragenen, mit kräftigem Arme und rüstigem Schritte fürbaß zogen. Für uns sind hier wichtig die beiden *ingentes lecticae: hexaphoron* und *octophoron* [2]) (von ἑξάφορος, *Mart.*, und *ὀκτώφορος, Cic.*), welche den Ursprung aus griechischem Luxus be-

---

enthält das '*Poststammbuch*', welches im J. 1877 in 3. Auflage bereits erschienen war. Auf S. 141—148 finden sich Notizen über: Reitende Boten und schnelle Reisen Cäsars, Taubenfeldpost, Begründung des *cursus publicus* durch Augustus, die Staatspost unter den Kaisern, Aufhebung der Naturalleistungen für den *cursus publicus*, die Brieftäfelchen.

1) Weise a. a. O. 216, 5: „Gallische Wagennamen sind *essedum*, *cisium*, *covinus*, *rheda*, *petorritum*, *ploxemum*, *benna*, *sarracum*, *arcera*, *carpentum*, *carrus*, *carruca*."

2) Becker-Göll, Gallus III, 9 f. — Göll hat die Stelle, wo von *epiredium* abgehandelt wurde (in der von Rein herausgegebenen 2. Auflage, S. 14), fortgelassen; wir müssen, da dieses Wort wegen seiner hibriden Zusammensetzung hier zu nennen ist, — es bedeutet den Zug- oder *Jochriemen*, an welchem das Pferd die Kutsche (*reda*) zieht — gegen die von Becker-Rein a. a. O. gegebene Schilderung der Bespannung aus sachlichen Gründen Einspruch erheben. — Übrigens wollen wir bei dieser Gelegenheit doch auf 'Fred. Guil. Ehrenf. Rostii opuscula Plautina' wieder aufmerksam machen, in deren Vol. I (continens commentationes Plautinas, Lipsiae 1836), sich als VIII. Stück eine sehr eingehende Abhandlung 'de Plauto hibridarum vocum ignaro' findet, wo S. 95 f. über die *epir(h)edia* freilich noch in einem Sinne gesprochen wird, den nur die Jugendfrische unserer Sprachvergleichung zu entschuldigen vermag. Bei dieser Gelegenheit ein Wort über die Etymologie unseres Wortes 'Pferd'. Das spätlateinische + *paraveredus*, *Nebenpferd*, *Extrapostpferd*, ist aus παρά, *bei*, *neben* und *veredus*, *Gaul*, zusammengesetzt; letzteres wieder aus *re*- (zsgzg. aus *rehe* — von *rehere*, *ziehen*) und dem gallischen *reda*. Rein deutsch besitzen wir *Roß*, *Mähre*, mittelhochdeutsch *pfert*, *pferit*, *phärit*, althochdeutsch *pferfrit*, *phurfrit*,

wegen. Die Sänftenträger durften aber den Verkehr der Fussgänger auf dem Trottoir, *semitae crepido* (χρηπίς, *Plin.*) nicht stören, sondern mußten hübsch mitten auf der breiten Hauptstraße, *platea* (*Plaut.*, von πλατεῖα [πλατύς]) mit ihrer schweren Last bleiben. —

Im römischen Reiche, besonders während der Kaiserherrschaft, entwickelte sich das Postwesen schnell und glücklich, wenn auch nicht entfernt auch nur im Verhältnis an unsere Zeiten heranreichend. Denn ursprünglich waren die dortigen Einrichtungen nur für Beamte bestimmt, welche im Auftrage des Staates reisten: das oben genannte *diploma* verschaffte ihnen schnelle Beförderung und ausreichende Verpflegung. Diese Beschränkung ergiebt sich schon aus *Livius (42, 1)*, als der Konsul Postumius aus persönlichem Haß gegen die Pränestiner von ihnen Lastthiere, Aufenthalt u. dgl. m. verlangte und so zu einer Sitte Anlaß gab, welche sich im Laufe der Zeit zur Pflicht ausbildete. Außer den Beamten verlangten auch die Gesandten dasselbe Recht. Die *villae publicae* wurden eingerichtet, in welchen solchen Reisenden Obdach, Salz, Holz und Heu durch die *parochi* (πάροχοι, *Cic.*), die öffentlichen Posthalter oder *Lieferanten auf den Stationen*, gereicht wurde.[1] —

So uralt die Sitte der Gastfreundschaft ist, und so früh sie auch bei den Römern üblich gewesen sein mag,[2] so hat dieselbe gleichwohl durch den vorzugsweisen Verkehr mit den unteritalischen Griechen ein entschieden griechisches Gepräge angenommen, wie die griechischen

---

parfrē, paofrēd, parovrit, parafred; mittellateinisch endlich *parefredus, perefredus.* Vgl. Rößberg, deutsche Lehnwörter in alphabetischer Anordnung, S. 74. —

1) Hor. sat. 1, 5, 46. —
2) Liv. 1, 45, 2. 5, 50, 3. — Marqu. Handb. V$_A$, 203 ff. — Preller I 191 ff. —

Namen der Gastzeichen und die für den Gastvertrag gewöhnlich gewordene Form der συγγραφή,[1]) beweisen. Das einfache Gastzeichen genügt für Privatleute zur Beglaubigung des sich vorstellenden Fremden; es ist aber doppelt vorhanden, um durch Vergleichung eine Konstatierung der Echtheit zu gestatten. So heißt es bei *Plaut. Poen.* 5, 2, 87:

HANNO. si ita est, *tesseram*
conferre si vis *hospitalem*, eccam attuli.
AGORASTOCLES. agedum huc ostende. est par probe, nam habeo domi.

Der *schriftliche Gastvertrag* zwischen einer Gemeinde und der anderen oder zwischen einer Gemeinde und einem Privatmann, auf kupfernen Tafeln ausgefertigt, heißt ebenso wie die *Marke, tessera*.[2])

Diese Erkennungszeichen, welche man sorgfältig für die Nachkommen aufbewahrte, verpflichteten zu Schutz und Hülfe in allen politischen und Privatangelegenheiten, z. B. zur Vertretung vor Gericht. Dieses Verhältnis wurde stets heilig gehalten *(Cic. dir. 1, 20. Gell. 5, 13)*, bis etwa eine Aufkündigung des Bundes, *renuntiatio*, erfolgte *(Cic. Verr. 2, 36)*. Zunächst aber verpflichtete die *Gastmarke* zu *gegenseitiger gastlicher Aufnahme*. Dieser Umstand ist nicht zu unterschätzen in einer Zeit, wo die Anstalten, einen Fremden aufzunehmen, sehr gemeiner Natur waren, wie denn auch nach griechischer Ansicht das Gewerbe der Gastwirte nicht geachtet war.[3]) In den Städten und

---

[1] Momms. Röm. Forsch. 1, 341. —

[2] Vgl. oben; auch *sumbolum* (σύμβολον), wie bei Plaut. Bacch. 265. Vgl. außerdem Plaut. Poen. 5, 1, 25. - Cic. Balb. 18, 41. — *tessera hospitalis* Orelli 1079. — Mém. de l'Acad. des Inscr. XLIX p. 501. — Gruter 362, 1. —

[3] Vgl. Cic. div. 1, 27, 57, wo die Geschichte von dem wunderbaren Traume des einen Arkadiers und von dem kläglichen Ende des anderen beim *copo* erzählt wird. —

deren Umgebung thaten sich die ersten Garküchen, Schenkstuben und Wirtshäuser auf, freilich mehr für die niedrigste Klasse der Bevölkerung bestimmt [1]; aber sicherlich kann es keine Frage sein, daß es an allen Straßen, wo der Reiseverkehr lebhaft war, späterhin in Italien wie in den Provinzen ausreichend Gasthäuser gab.

[1] Marqu. Handb. V n. 79 ff.   Friedl. Sitteng. II 2, 22 ff. -

Kapitel III.

Maſs und Münze.

A.

Das Maſs.

Im ersten Buche seines ersten Bandes der 'Römischen Geschichte', in dem 'Maß und Schrift' überschriebenen 14. Kapitel, giebt uns Mommsen (S. 205 f.) folgende Übersicht über die hellenischen Maße in Italien:

„Als der hellenische Handelsmann sich den Weg an die italische Westküste eröffnet hatte, empfanden zwar nicht das Flächen-, aber wohl das Längenmaß, das Gewicht und vor allem das Körpermaß, das heißt diejenigen Bestimmungen, ohne welche Handel und Wandel unmöglich ist, die Folgen des neuen internationalen Verkehrs. Der römische Fuß, der später freilich um ein geringes kleiner war als der griechische,[1] aber damals ihm entweder wirklich noch gleich war oder doch gleich geachtet ward, wurde neben seiner römischen Einteilung in $12/12$ auch nach griechischer Art in 4 Hand- *(palmus)* und 16 Fingerbreiten *(digitus)* geteilt.

Ferner wurde das römische Gewicht in ein festes Verhältnis zu dem attischen gesetzt, welches in ganz

---

[1] 1 römischer Fuß = 0,96 griech. Fuß.

Staaten herrschte, nicht aber in Kyme — wieder ein bedeutsamer Beweis, daß der latinische Verkehr vorzugsweise nach der Insel sich zog; 4 römische Pfund wurden gleich 3 attischen Minen oder vielmehr das römische Pfund gleich 1½ sicilischen Litren oder Halbminen gesetzt [1]).

Das seltsamste und buntscheckigste Bild aber bieten die römischen Körpermaße teils in den Namen, die aus den griechischen entweder durch Verderbnis (*amp[h]ora, congius, hemina, cyat[h]us*)[2]) oder durch Übersetzung (*acetabulum* von ὀξύβαφον) entstanden sind, während umgekehrt ξέστης Korruption von *sextarius* ist; teils in den Verhältnissen. Nicht alle, aber die gewöhnlichen Maße sind identisch: für Flüssigkeiten der *congius* oder *chus*[3]), der *sextarius*, der *cyathus*, die beiden letzteren auch für trockene Waren; die römische *amphora* ist im Wassergewicht dem attischen Talent gleichgesetzt und steht zugleich im festen Verhältnis zu dem griechischen *metretes* von 3:2, zu dem griechischen *medimnos* von 2:1.

Für den, der solche Schrift zu lesen versteht, steht in diesen Namen und Zahlen die ganze Regsamkeit und Bedeutung jenes sicilisch-latinischen Verkehrs geschrieben.

1) Vgl. dies. Kap. unter B: *Münze*. —
2) Über *congius* s. unten; *modius* aber, welches Mommsen neulich entlehnt: 'nach μέδιμνος', ist unbedingt nicht entlehnt. Nach Corssens Ggrz. II u. 531 ist *mod-i-us* mit *mod-us* und *mod-er-or* auf eine Wurzel *mo*, griechisch μεδ zurückzuführen, vgl. bes. Corssens Voh. I. 481 f. dessen Zusammenstellung nachgewiesen, worüber denn er über die sonstigen Belege Vaniček registriert. Vgl. noch Saalfeld, Greek Latens s. 15 f. und Italograeca I, S. 31, Anm. 2.
3) Χοῦς, ... χόος: besitzt eine äußerst mannigfache Flexion, haben es wohl nach βοῦς dekliniert χοός, χοΐ, χόες, χοῶν, χοῶς, oder wie von χοΐς nach der s. g. attischen Deklination χοῦς, χοῖ, χοῦς (letztere Formen gelten für besser attisch), aber χοῦ und χοῦς oder χοός; — letzt nicht vorzukommen. Vgl. auch Curt. Grz 204. —

Die griechischen Zahlzeichen nahm man nicht auf; wohl aber benutzte der Römer das griechische Alphabet, als ihm dies zukam, um aus den ihm unnützen Zeichen der drei Hauptbuchstaben die Ziffern 50 und 1000 vielleicht auch die Ziffer 100 zu gestalten. In Etrurien scheint man auf ähnlichem Wege wenigstens das Zeichen für 100 gewonnen zu haben. Später setzte sich wie gewöhnlich das Ziffersystem der beiden benachbarten Völker ins Gleiche, indem das römische im wesentlichen in Etrurien angenommen ward."

So richtig und scharfsinnig obige Bemerkungen nun auch sind, so müssen wir dieselben doch in einem Punkte richtig stellen: *congius*[1]) nämlich kann nimmermehr weder aus χοεύς noch aus κόγχη entlehnt sein, da es von skr. çaṅkha und gr. κόγχος unzertrennbar ist. Doch diese vereinzelte Thatsache erschüttert an obigem Resultate kaum etwas Nennenswertes; der griechische Einfluß bleibt reichlich durch andere Beispiele als ein unumstößliches Faktum erwiesen. Daß *congius* unzweifelhaft gemeinsames Stammgut ist, hat Vaniček sehr hübsch zusammengestellt (etymol. Wörterb. der lat. Spr., 2. Aufl. S. 66): „kanka Muschel. — skr. çaṅkhā P(etersb.) W(örterb.) VII 33. (κόγχη, κόγχος, κογχίον) *conh-io-s cong-iu-s (muschelförmiges) Maß, Maßkanne, *congi-āli-s, -arius*."

---

[1]) Von der ziemlich reichhaltigen Litteratur über dieses Wort führen wir an: Kuhns Ztschr. XVII 147, 329, 37. XVIII 437; s. auch Corssen oskische Inschriften, Kuhns Ztschr. N. F. II 307: „*koiniks* = χοεύς auf dem Gemäßtische oder Eichungstische von Pompeji im Museum zu Neapel, das heißt auf einem steinernen Tische, in dessen Platte die Normalmaße für flüssige und trockene Gegenstände, die in Pompeji gebräuchlich waren, in Form von kreisrunden kesselförmigen Vertiefungen eingelassen sind (C. Mancini, giornale degli scavi di Pompeji n. ser. 1871, p. 144 f. 146 f. 151, 152. bes. n. 1, 2.)." — Ferner Curt. Stud. VII 279, 282. — Död. Syn. VI 76; Hdb. 42. Zehetmayr Wb. 96. Weise 20; interessant ist auch die von Schmitz gegebene Tironianische Note (66, 99): C(oni)Gius.

"Ascoli 161. Z. XVII. 389 f. Bopp Gr. I, 25. Corssen II,
180. Curtius Gr. 152. Fick W. I, 56. 433. 546. II, 66.
Förstemann Z. III, 53. Graßmann Z. XII, 98. Pott W. III,
111. EF. I, 86. Weise BB. V, 80.- [1])

Dagegen ist *hemina* jedenfalls aus ἡμίνα entlehnt;
es bezeichnet schon bei *Plautus* eine *Maßart* und findet
sich ebenso häufig bei *Cato*. Es erscheint in doppelter
Bedeutung: sowohl als Gemäß des Flüssigen (= $1\frac{1}{2}$ sextarius [2]) als auch des Trockenen (= $\frac{1}{16}$ sextarius oder
0.44 Liter); bei *Plautus* für Wein, dgl. bei *Seneca* und
Cato, bei *Columella* für Salz und Getreide, ganz allgemein bei
Horaz. Daß dieses Lehnwort sich schon ziemlich zeitig
einbürgerte, dürfen wir aus dem Beinamen schließen, den
der Geschichtschreiber *Cassius Hemina* im Anfang des
7. Jhdts. d. St. führte, von *Plinius (13, 84) vetustissimus
auctor, vetustissimum und (29, 6) ex antiquissimis auctor* genannt.

Ferner *amphora* aus ἀμφορεύς (für ἀμφιφορεύς), der
Henkelkrug, ein großes, meist aus Thon verfertigtes Gefäß
mit spitz zulaufendem unteren Ende, um es in die Erde
oder in die Löcher des *abacus* stecken zu können, oben
mit einem engen Halse und zwei Henkeln zum Tragen,
durch einen Kork verschlossen, welcher mit Pech oder
Gips versiegelt war. So kommt dieses Wort schon bei
Naevius vor; als Maß diente es zunächst für Flüssigkeiten[3] (auch *quadrantal* genannt) = 2 *urnae* oder 8 *congii*
oder 48 *sextarii*, dann aber, wie unser: Tonne, zur Be-

---

1) Auch *culleus*, Schlauch, Sack (ibid. 311) ist nicht etwa aus
eodem wurzelig entlehnt, sondern aus der W. skal, bedecken, aus
welch. *calthus*, *scalyn*, *cul-la* entstanden zu denken. Was die
Bemerkung ad II anlangt, so haben Fleckeisen in seinen 50 Artikeln
(S. 14) und Brambach in Hülfsbüchlein (S. 32) dieselbe endgültig
ausgemacht. Es bezeichnet dieses somit echt lateinische Wort das
große Maß für Flüssigkeiten, nämlich 20 *amphorae*. —
2) Vgl oben *sextula*. —
3) Vgl. Hecker (Zdt. Gallus I, 160 II, 280. III, 380 ff. 404

stimmung der Größe eines Schiffes, sofern nämlich die *amphora* im allgemeinen 80 römische Pfund wiegen sollte.[1])

Von den oben erwähnten Lehnwörtern bleibt noch *cyathus*[2]) (κύαθος), neben *cantharus* (κάνθαρος) schon bei *Plautus* als Trinkgefäß benutzt: ein *kleiner Tummler;* sodann wurde so das Schöpfgefäß genannt, um den Wein aus dem Mischkessel *(crater,* κρατήρ) in die Becher *(pocula)* zu füllen. Für uns wird es hier wichtig in seiner Eigenschaft als Hohlmaß für flüssige und trockene Dinge, der zwölfte Teil eines *sextarius (Auct. de pond. 80)* oder 10 Drachmen griechischen Gewichts *(Plin. 21, 185).*

Sehen wir von dem erst spät aus δοχή entlehnten *doga,* Gefäfs *(Vopisc. Aur.)* ab, so bleiben uns nur noch die Wörter: *cotula, medimnus, metreta* und *stadium* für diesen Abschnitt zur Besprechung übrig.

Cotula (cotyla, κοτύλη), *ein kleines Gefäfs (Cato)* war das Maß von einem halben *sextarius,* also = *hemina,* während *medimnus (Lucil. fr., Cic.* braucht *medimnum,* aus μέδιμνος) als *griechisches Getreidemafs* den 6 modii enthaltenden *griechischen* Scheffel bezeichnet, sich also ebenso als Fremdwort entpuppt wie *metreta* (μετρητής), das Maß für Flüssigkeiten, welches etwas kleiner als eine *amphora* war, nämlich = 72 *sextarii*, Plaut. Merc. prol. 76:

ea pecunia navim, metretas quae trecentas
tolleret, parasse.

---

1) Charis. 56, 4 sqq.; 100, 14 sqq.   Diom. 304, 26.   Neue, Formenlehre I, 18 ff.; 394. — Die Schreibung ampora wird verworfen in *Append. Probi* 199, 17 K. (416, 10 E). —

2) Becker-Göll, Gallus I, 180, 200, III, 400 ff.   Die Schreibung cyatus findet sich oft in den besten Handschriften des Plautus (wo Ritschl u. a. cyathus schreiben, während Fleckeisen cuatus vorzieht), ferner bei Varro L. L. 5, 124 Cod. Got. und überall bei Hultsch Metr. script. vol. II. p. XII.   Als Hohlmaß für flüssige Dinge: Plin. 20, 227 (ohne bestimmtes Maß = Spitzglas Cels. 1, 8 u. Scrib. 101), für trockene: Col. 8, 4, 5 u. Plin. 14, 85. —

Am besten möchte man das Wort hier mit 'Tonne' übersetzen, wie es denn auch etwas später schon bei Cato als größeres Gefäß für Flüssigkeiten, besonders für Öl, erscheint.

Erwähnt sei endlich noch das *griechische Längenmaß*[1]) von 125 Schritt oder 625 Fuß, der 40. Teil der deutschen Meile oder etwa 184 Meter, *stadium* (στάδιον), welches Lucilius und Cicero zuerst im eigentlichen Sinne gebrauchen, während der letztere es auch im Sinne der ein στάδιον langen Rennbahn der Griechen sowie aus *Chrysippus* übertragen für den *Wettstreit* braucht, vgl. *Cic. off.* III, 10, 42: qui stadium currit, eniti et contendere debet quam maxume potest, ut vincat. —

Schließlich geben wir noch nach Fr. Hultsch, griech. und röm. Metrologie, Berlin 1862, eine tabellarische Übersicht der sämtlichen römischen Kubikmaße für flüssige und trockene Dinge, wobei also die nicht entlehnten Namen der besseren Versinnlichung und Vollständigkeit halber ebenfalls mit aufgeführt sind.

1) Vgl. auch Weise a. a. O. 215: „. . . neben die alte Einteilung des römischen Fußes (pes = ⁹¹/₉₆ πόδες) in 12 *unciae* oder Einheiten und bei den Technikern noch die griechische in 16 *Fingerbreiten* (δακτύλοι) und 4 *Handbreiten* (palmus = παλαιστή, δῶρον)."

I. Kubikmaße für flüssige Dinge.

Ligula = $0_{,011}$ Liter.

4	cyathus = $0_{,045}$ Liter.						
6	1½	acetabulum = $0_{,068}$ Liter.					
12	3	2	quartarius¹) (¼ vom sextarius) = $0_{,13}$ Liter.				
24	6	4	2	hemina oder cotyla = $0_{,27}$ Liter.			
48	12	8	4	2	sextarius (⅙ vom congius)	$0_{,54}$ Liter.	
288	72	48	24	12	6	congius = $3_{,20}$ Liter.	
1152	288	192	96	48	24	4	urna = $13_{,13}$ Liter
2304	576	384	192	96	48	8	2 amphora (quadrantal) $2_{,02}$ Liter.
46080	11520	7680	3840	1920	960	160	40 · 20 culleus = $524_{,77}$ Lit.

II. Maße für trockene Dinge.

Ligula = $0_{,011}$ Liter.

4	cyathus = $0_{,045}$ Liter.					
6	1½	acetabulum = $0_{,068}$ Liter.				
12	3	2	quartarius (¼ vom sextarius) = $0_{,13}$ Liter.			
24	6	4	2	hemina oder cotyla = $0_{,27}$ Liter.		
48	12	8	4	2	sextarius (⅙ vom congius) = $0_{,54}$ Liter.	
384	96	64	32	16	8	se(mi)modius = $4_{,37}$ Liter.
768	192	128	64	32	16	2 modius = $8_{,54}$ Liter.

1) Vielleicht die Übersetzung von ἡ τετάρτη, *Quart*.

B.
Die Münze.

Im ersten Hefte¹) dieser Untersuchungen haben wir gesehen, daß die verschiedenen griechischen Einwanderergruppen in Italien sehr bestimmt auseinander treten, besonders in ihrem Münzfuß.

'Die phokäischen Ansiedler prägen nach dem in Asien herrschenden babylonischen Fuß. Die chalkidischen Städte folgen in ältester Zeit dem äginäischen, das heißt dem ursprünglich im ganzen europäischen Griechenland vorherrschenden und zwar zunächst derjenigen Modifikation derselben, die wir dort auf Euboia wiederfinden. Die achäischen Gemeinden münzen auf korinthische, die dorischen endlich auf diejenige Währung, die Solon im Jahre 160 Roms in Attika eingeführt hatte, nur daß Taras und Herakleia sich in wesentlichen Stücken vielmehr nach der Währung ihrer achäischen Nachbarn richten als nach der der sicilischen Dorer.'

Während der ersten drei Jahrhunderte Roms ist, wenn man von den griechischen Städten und dem etruskischen Popolonia absieht, in Italien nicht gemünzt worden, vielmehr diente als Tauschmaterial anfangs das Vieh, später Kupfer nach dem Gewichte. Bei dem Übergang der Italiker vom Tausch- zum Geldsystem sah man sich natürlich zunächst wieder auf griechische Muster hingewiesen. Die Münze in Italien ist höchst wahrscheinlich von Rom ausgegangen und zwar von eben den Decemvirn, die in der Solonischen Gesetzgebung das Vorbild auch zur Regulierung des Münzwesens fanden.

---
1) Hefte I 21. — Momms. R. G. I, 190; vgl. ebendas. I, 141 444 ff. 544 541 544 II, 300 ff. III, 504. 506. — Schwegler, R. G. I, 75, 702 f. — Momms.-Marqu., Handb. V, 12. —

Die römischen Münzen waren mit dem Silber nach dem Gewicht geglichen; da zum Münzmetall das Kupfer genommen worden war, und die Münzeinheit sich zunächst an das Kupferpfund als die bisherige Werteinheit anlehnte, brauchte man wohl gleich das Verhältnis zwischen Kupfer und Silber von 250 : 1 als Norm, so daß z. B. in Rom das große Kupferstück, der *As*, dem Werte nach einem Skrupel (= $\frac{1}{288}$ Pfennig) Silber gleichkam.

Wir haben im vorigen Kapitel gesehen, daß der überseeische Handelsverkehr sich in sicilisch-latinische, etruskisch-attische und adriatisch-tarentinische Handelsbeziehungen zergliedern ließ; wie nun die Prägung des etruskischen Silbergeldes auf attischen Fuß und das Eindringen des italischen und besonders latinischen Kupfers in Sicilien für die ersten beiden Handelszüge zeugen, so spricht die Gleichsetzung des großgriechischen Silbergeldes mit der picenischen und apulischen Kupfermünze nebst zahlreichen anderen Spuren für den regen Verkehr der unteritalischen Griechen, namentlich der Tarentiner mit ostitalischem Litorale. Als um die Zeit des Pyrrhos auf den römischen Tafeln sich das Silbergeschirr zu zeigen, und überhaupt Rom sich großstädtisch zu entwickeln begann, da trat es auch als Haupt der römisch-italischen Eidgenossenschaft wie in das hellenische Staatensystem, so auch in das hellenische Geld- und Münzwesen ein.

Das Jahr 485 d. St. *(269 v. Chr.)* bezeichnet den Wendepunkt: bis dahin hatten die Gemeinden Nord- und Mittelitaliens mit wenigen Ausnahmen einzig Kupfercourant, die süditalischen Städte dagegen durchgängig Silbergeld geschlagen. Nunmehr wurden alle diese Münzstätten auf die Prägung von Scheidemünzen beschränkt, die Courantprägung nach dem für ganz Italien geltenden Fuße in Rom centralisiert und das neue Münzsystem nach dem obigen Verhältnis der beiden Metalle mit der gemeinsamen

Nominalwert des Zehnaßstückes oder *denarius* eingeführt. Diese Münze wog in Kupfer 3½, in Silber 1/72 eines römischen Pfundes, eine Kleinigkeit also mehr als die attische Drachme. Zunächst herrschte in der Prägung noch die Kupfermünze vor, und wahrscheinlich ist der älteste Silberdenar hauptsächlich für Unteritalien und für den Verkehr mit dem Ausland geschlagen worden. Wie aber der Sieg über Pyrrhos und Tarent und die römische Gesandtschaft nach Alexandreia dem griechischen Staatsmanne dieser Zeit zu denken geben mußten, so mochte auch der einsichtige griechische Kaufmann wohl nachdenklich diese neuen römischen Drachmen betrachten, deren flaches, unkünstlerisches und einförmiges Gepräge neben dem gleichzeitigen wunderschönen Aussehen der Münzen des Pyrrhos und der Sikelioten freilich dürftig und unansehnlich erscheint, die aber dennoch keineswegs, wie die Barbarenmünzen des Altertums, sklavisch nachgeahmt und in Schrot und Korn ungleich sind, sondern mit ihrer selbständigen und gewissenhaften Prägung von Haus aus jeder griechischen ebenbürtig sich an die Seite stellen.

Bald sollte es noch anders kommen. Zwar scheint im Geldwesen momentlich das kaufmännische Schema zunächst von den Griechen festgestellt und von den Römern nur aufgenommen worden zu sein; aber die Schärfe der Durchführung und die Weite des Maßstabes sind eben hier so eigentümlich römisch, daß der Geist der römischen Ökonomie und ihre Großartigkeit im Guten wie im Schlimmen vor allem in der Geldwirtschaft sich offenbart. Wie der römische Geschäftsverkehr allmählich der gleichartigen politischen Machtentwicklung vollkommen geworden und in seiner Art nicht minder großartig erscheint, davon giebt uns ein anschauliches Bild die Litteratur, besonders die Lustspiele, voran die des Plautus, in denen der phönikische Handelsmann phönikisch redend auf die

Bühne gebracht wird, und der Dialog von griechischen und halbgriechischen Worten wimmelt. Am bestimmtesten aber läßt sich die Ausdehnung und Intensität des römischen Geschäftsverkehrs in den Münz- und Geldverhältnissen verfolgen. Der römische Denar hielt völlig Schritt mit den römischen Legionen. Für uns ist besonders wichtig, daß die sicilischen Münzstätten, zuletzt im Jahre 542 d. St. (212 v. Chr.) die syrakusanische, infolge der römischen Eroberung geschlossen oder doch auf Kleinmünze beschränkt wurden, und daß in Sicilien und Sardinien der Denar wenigstens neben dem älteren Silbercourant und wahrscheinlich sehr bald ausschließlich gesetzlichen Kurs erhielt. So streng wie in Italien ward das Gold- und Silbermünzrecht in den Provinzen nicht von Rom monopolisiert, offenbar, weil es auf das nicht auf römischen Fuß geschlagene Gold- und Silbergeld weniger ankam. Doch sind unzweifelhaft auch hier die Prägstätten in der Regel auf Kupfer- oder höchstens silberne Kleinmünze beschränkt worden; eben die am besten gestellten Gemeinden des römischen Siciliens, wie die Mamertiner, die Centuripiner, die Aläsiner, die Segestaner, wesentlich auch die Panormitaner haben nur Kupfer geschlagen.

Zu Cäsars Zeit war in Münze wie in Maß und Gewicht die wesentliche Ausgleichung des latinischen und des hellenischen Systems längst im Zuge. Sie war, wie wir gesehen, uralt in den für Handel und Verkehr unentbehrlichen Bestimmungen des Gewichts, der Körper- und Längenmaße und in dem Münzwesen wenig jünger als die Einführung der Silberprägung. Indes reichten diese älteren Gleichungen nicht aus, da in der hellenischen Welt selbst die verschiedenartigsten metrischen und Münzsysteme nebeneinander bestanden; es war notwendig und lag auch ohne Zweifel in Cäsars Plan, in dem neuen einheitlichen Reich, so weit es nicht bereits früher schon geschehen war,

römische Münze, römisches Maß und römisches Gewicht
[...] überall in der Art einzuführen, daß im offiziellen
Verkehr allein danach gerechnet und die nicht römischen
Systeme teils auf lokale Geltung beschränkt, teils zu dem
[römischen] in ein ein für allemal reguliertes Verhältnis
gesetzt wurden. Mit Cäsar beginnt das Goldstück als
Reichsmünze zu gelten, der Cäsarder im Werte von etwa
21 Mark 80 Pfennig nach heutigem Metallwert, dessen
Prägung aber sowie die der Goldmünze überhaupt in den
Provinzen nicht gestattet war. —

Das älteste und auch einzige der den Münzverkehr
angehenden wirklichen Lehnwörter[1]) führt uns natur-
gemäß nach Sicilien, von wo die lokale dorisch-chalkidische Bezeichnung der Silbermünze νόμος, 1½ attische
Obolen an Wert, als *nummus*[2]) aus dialektischem νόμμος
nach Latium überging. Die ersten schriftstellerischen Belege finden sich bei *Plautus*, woselbst das Wort 74 mal
erscheint; aber auch bei *Terent.*, *Cato* und *Corn. Scip.
[ap. Gell.]* findet es sich, wenn auch lange nicht so häufig.

---

1) [...] gr. W. i. Lat. 240, 1: „Echt römische Bezeichnungen
aus [numismatischem] Gebiete sind: as, libra, uncia, seminis, decussis,
[...] quadrans, sextans, dodrans, quincunx, septunx, denux, bes,
[...] [...], denarius, sestertius, aureus u. a. [...]
ist, daß die [...]münzen im Bundesgenossenkriege eine
auffällige Ähnlichkeit mit den in Amiso, der Residenz des Mithri-
dates geprägten haben."

2) Sprachliche Bemerkungen sowie das ziemlich umfängliche
Material der Beispielen im *Thesaurus italograecus* s. v. — Vgl.
[...] mit dem Triumphe des Flaminius (197 v. Chr.) gebräuch-
liche Bezeichnung *nummi Philippei*, *Philippdors*. Gerade bei
dem Worte *nummus* kann man recht deutlich beobachten, wie allmählich das Wort immer mehr den Römern in Fleisch und Blut
überging[?] [...] So bildet schon *Plautus* den *Geldverschmeichler*,
+ *Nummerronospigenans* (womit den *per antiphrasin* scherzhaft
von *Teadoros* gebrauchte *Miso eypyrides* zu vergleichen); bei *Varro*
erscheint mand die [hybride] Fortbildung + *multinummus*, viel Geld
[...] [...], während wir bei Cicero *nummarius*, zum Gelde
gehörig [auch - Bestech-] und *nummatus*, mit Geld versehen,
noch [nur], bei *Martial* aber erst und [selten] *nummularius*,
[Geld- oder Wechselmäkler?] -

vor: von der Form *nummei* der *columna rostrata* dürfen wir hier billig absehen.

In der ältesten Zeit wurde *nummus* für den *sestertius* gesetzt, dessen Wert wir auf $8\frac{1}{2}$ Pfennig unseres Geldes ansetzen dürfen; dann ist es allgemein das *Geldstück*, die *Geldmünze*, sprichwörtlich auch von einer *Kleinigkeit* = unser *Groschen* oder *Pfennig*; *Plautus* verwertet es aber auch als griechische Münze, bald = δραχμή, bald = δίδραχμον.

Knüpfen wir hier gleich mit *drachma* (δραχμή, *Plaut.*, *Terent.*, *Cat.*) an, so sind wir damit schon bei den Wörtern angelangt, welche für die Römer ihrem Begriffe nach stets **Fremdwörter** geblieben sind, wie die noch folgenden alle. Allerdings ist gerade dieses Fremdwort schon früh aufgenommen worden, das lehrt uns die altertümliche Form *dracuma*; es bedeutete zunächst die *griechische Münze, welche im Werte dem römischen Denar entsprach*; erst später erlangte es bei *Plinius* die Bedeutung des *Gewichtes* von $\frac{1}{8}$ *uncia* = $\frac{1}{96}$ *as* als Hälfte eines *sicilicus*.

Bot die Lautverbindung *cm* hier Schwierigkeiten, welche sich die ältere Sprache durch Einschaltung des dumpfen *u*-Lautes hinwegräumte, so war die Anlautsgruppe *mn* nicht nur dem Lateinischen, sondern auch der gesamten italischen Sprachsippe völlig fremd. Als die Italiker das Wort μνᾶ [1]) hörten und nachsprachen, ent-

---

1) Vaniček, Fremdwörter im Griech. u. Lat. 34 .μνᾶ, ion. μνέα, mina (*mna* Plin. 35. 10. 107) f. Mine, altgriech. Gewicht und zugleich Münze, $\frac{1}{60}$ des Talents und wie dieses zu verschiedenen Zeiten von sehr abweichendem Werte [die eigentliche griechische Mine von 100 Drachmen war an Gewicht = 324 franz. Grammes, die große attische Mine = 450 Gr., die kleine attische Mine = $337\frac{1}{2}$ Gr., die asiatische oder mosaische Mine = $364\frac{3}{4}$ Gr. etc. Als Geld war die Silbermine vor Solon = etwa $55\frac{1}{2}$ Mark, die große attische Silbermine seit Solon = $76\frac{1}{2}$ Mark, die große att. Goldmine galt nach

wickelte sich aus dem *i*-ähnlichen vokalischen Anklang
des *a*, welcher entsteht, wenn die Zunge sich zur Aus-
sprache derselben gegen den Vordergaumen legt, zunächst
ein unmittelbarer kurzer Vokal *i*, der dann zu einem voll-
ständigen kurzen *i* erstarkte¹). Das Wort *mina* fand
sehr häufige Verwertung, besonders bei *Plautus*, wo wir
es noch 127mal, und bei *Terentius*, wo wir es 18mal
haben, während der strenge Lateiner *Cato* es nur 2mal in
den Wenigen, was uns von ihm überliefert ist, gebraucht.
Gewöhnlich ist es die silberne, *100 attische Drachmen oder
römische Denarien betragende Münze*, nur einmal bezeichnet es bei *Plautus* die *goldene Mine;* auch hier stellt
sich später (bei *Plinius*) wieder die Bedeutung des griechischen Gewichtes ein, wo 100 Drachmen = 28 Lot
2 Quentchen 69¹,₃ AS gerechnet werden.

Wir kommen nun zu dem Wort, welches die höchste
Geldsumme bezeichnete, nämlich zum *talentum* (τάλαντον),
das in den verschiedenen griechischen Staaten und zu
verschiedenen Zeiten bekanntlich ganz verschieden war: so
betrug das attische Talent z. B. 60 Minen = 4125 Mark.
Zuerst haben wir *talentum* bei *Plautus* (27mal). *Terentius*

Maßgabe des Gold- und Silberverhältnisses zehnmal so viel, indem
das so (Gold etwas) viel enthält wie die vorige an Silber]; μναῖος,
μναῖος, μναῖος, μναῖος vom Gewicht. Demn. μνάϊ̈ος (Diphil.
B A 10⁴ M). — Ägyptisch. —
.... Wurzell. II. 368 (vgl. L. Meyer KZ. V. 368). Vgl.
...... Allen M III, 215: stirps ost peregrina (Boeckh Metrolog.
...... p. 30). Schweizer-Sidler KZ. IX. 280: kein urspr. griechisches
Wort. ...... W. e. v.: Fremdwort, wahrsch. von den Ägyptern
.... Pape W. e. v.: Fremdwort. — Ganz anders Ebel K. Z. III, 150
.... ich als ein Neutrum analog dem ἓν an; das Fem.
...... (ετ., ᾗ, μνᾷ) ...... sich als Subst. zu μνᾷ, als Numer. zu μία
gestaltet.

Indem wir diese Ansicht als eine unhaltbare bezeichnen, fügen
...... Weber, gr. W. s. 219, 2 hinzu: „Mr. mund = μνᾷ ist
böhmisch-slavisches Lehnwort." —

1) Corss Vok. II. 583. —

(9mal), *Turpilius* und *Cato* (je 1mal). Im eigentlichen Sinne von *Wage*, übertragen: *Gewicht*, findet es sich bei *Vergil* und *Plinius*, wo das italische Talent 100 römische Pfund zählt.

Das Gegenstück zum *talentum* haben wir im *obolus* (ὀβολός), dem 6. Teil der Drachme, etwa 10 Pfennig, vor *Terentius* uns nicht überliefert; in seiner Bedeutung: *Gewicht von* $\frac{1}{6}$ *Drachme (Plinius)* entspricht es den obigen Ausführungen. Älter ist *triobulus* (τριώβολος), *3 Oboli* oder $\frac{1}{2}$ *Drachme*, meist zur Bezeichnung einer Kleinigkeit, wie unser *Heller* oder *Pfifferling* (der unbedeutende kleine eßbare Pilz. Pfifferling, der, wo er überhaupt wächst, in großen Massen erscheint; darum zur Bezeichnung des Wertlosen von uns gebraucht). Aber schon *Cato* braucht *triobolus* als halbe Drachme in der Bedeutung des Gewichtes. Daß aber schon *Plautus* das Wort ὀβολός wohl gekannt haben muß, beweist sein *diobolaris* (von διώβολον), *nur 2 Obolen kostend*, von den käuflichen Dirnen gesagt.

Viel später finden wir den *cistophorus* (*Cic.*, κιστοφόρος) erwähnt, eine Münze, welche eine Kiste zum Gepräge hatte und 4 Drachmen oder römische Denare galt. Das Bild auf derselben bezog sich auf den Mythos des Dionysos; aus der halbgeöffneten Kiste erhob sich eine Schlange, während auf der Kehrseite der von zwei Schlangen gezogene Wagen der Demeter sich befand. Dieser den Verhältnissen entsprechende eigentümliche Münzfuß wurde unter römischer Autorität, als die Provinz Asia eingerichtet wurde, als ein neuer *Stater* eingeführt, während in Makedonien noch zu der Zeit, wo es Provinz geworden war, der Denar nicht in größerem Umfang einzudringen vermochte, sondern die *griechische Silbermünze von 4 Drachmen, tetrachmum* (τετραχμον, *Caes. ap. Cic.*, statt *tetradrachmum*) hauptsächlich cirkulierte.

Ganz allgemein findet sich endlich noch, völlig fremd
geblieben, *nomisma* (νόμισμα, Hor. und Mart.), eine
Münze, ein Geldstück, das in noch späterer Zeit die Bedeutung Schaumünze und übertragen Gepräge oder Bildnis
der Münze annimmt. *Gaza* (γάζα) aber endlich, das von
den Griechen den Persern entlehnte Wort für den königlichen Schatz, haben schon Cicero (vereinzelt) und *Lucretius*
(im Plural) im Sinne von *Schatz* und *Vermögen* überhaupt
verwertet: eine später allgemein gewordene Bedeutung. —

Vergessen dürfen wir aber zum Schluß nicht die technische Errungenschaft der *Feuerprobe des Goldes*, welche
uns in der älteren Form *obrussa* (schon bei Cic. übertragen = Präfstein) und in dem späteren *obryzum*,
obryzum Gold (Vulgata) vorliegt, beides aus ὄβρυζον entstanden.

Auch verdienen die einzelnen Arten des *aes* erwähnt
zu werden, wie der Rohstoff des *aes Cyprium* [1]), dann
aber auch in verschiedenen Legierungen: mit Zink,
orichalcum, Messing; mit Zinn: das berühmteste, *aes
Corinthium*, die geschätzteste *Bronze*.

---

[1] Saalfeld, griech. Lehnw. etc. 18: Nicht einleuchtend ist, warum
Vaniček (Wb. 1. Aufl. 215, in der 2. hat er das Wort ganz fortgelassen) *cuprum* (zuerst Edict. Diocl. 7, 25, *cyprum* dagegen Spart.
Carac. 9, 5) nicht als griechisches Lehnwort ansieht; wo er doch in
den Worten 'cuprum (spätlat.) n. Kupfer (aes Cyprium, da das
Erz von der kupferreichen Insel Κύπρος von den Griechen und Römern
nach langem wurde), *cupreus*, -*ineus*, kupfern', gleichsam selbst den
Nachweis dafür liefert. Bemerkenswert ist übrigens eine hierher gehörige
Notiz Helms (Kulturpfl. etc. S. 380, 88): 'Cypern, die alte Station der
Seefahrer, erhielt den Namen von den Cypressen, die dem nahenden
Schiffer von fern winkten, oder deren Holz von hier ausgeführt ward.
Bekannt ist, wie auch sonst Inseln nach Bäumen benannt sind, z. B.
die Φήγουσαι bei Spanien von der Fichte, πίτυς, oder Madeira vom
Hauholz α meteria. Nach der Cypresse heißt auch die phönizische
Stadt Kitytos, also ganz wie griechisch Κυπάρισσα(?)'. — Das deutsche
Kupfer ist ein lateinisches Lehnwort, aus *cuprum* entstanden: ahd.
kuphar, chuphar, chupfer; mhd. cupher, cupher, kupfer, kupfer.

Bei dem Worte *orichalcum* begegnen wir einer interessanten Volksetymologie, nämlich der an *aurum*, Gold, erinnernden Verdrehung in *aurichalcum*, einer Mischung, die noch kostbarer sein sollte als Gold; man lese die Stelle bei *Plautus* (Ps. 2, 3, 22 [688]):

aurichalco contra non carum fuit meum mendacium, „war gar nicht mit Gold zu bezahlen!" –